职场投资课

工薪族实现自由富足的创富指南

 黄志坚/编著

民主与建设出版社

图书在版编目（CIP）数据

职场投资课 / 黄志坚编著 . —北京：民主与建设出版社，2017.7

ISBN 978-7-5139-1618-9

Ⅰ.①职… Ⅱ.①黄… Ⅲ.①私人投资—通俗读物 Ⅳ.①F830.59-49

中国版本图书馆 CIP 数据核字（2017）第 144302 号

© 民主与建设出版社，2017

职场投资课

ZHICHANG TOUZIKE

出 版 人	许久文
编 著	黄志坚
责任编辑	王 倩
出版发行	民主与建设出版社有限责任公司
电 话	（010）59417747　59419778
社 址	北京市海淀区西三环中路 10 号望海楼 E 座 7 层
邮 编	100142
印 刷	三河市天润建兴印务有限公司
版 次	2017 年 10 月第 1 版　2017 年 10 月第 1 次印刷
开 本	710mm×1000mm　1/16
印 张	16
字 数	222 千字
书 号	ISBN 978-7-5139-1618-9
定 价	36.80 元

注：如有印、装质量问题，请与出版社联系。

前言

打工是最不划算的投资

  温州人号称中国最富有的人群，我遇到的很多温州年轻人最喜欢挂在嘴边的话就是"宁愿睡地板，也要做老板"或者"宁愿做生意一个月只赚1000元，不愿打工一月赚3000元"。在他们的观念里，按部就班的打工生涯永远无法实现财务自由，无法过上自由、富足的生活。

  曾经我所在的大学有一个温州女生，长相平平，资质也平平，学习也不用心，家里的父母做服装生意。她每天都给同学们吹嘘自己在毕业5年内一定会买上一辆宝马车，很多同学都觉得她是异想天开，非常讨厌她。当时的我对此也是不理解的，也觉得那个女生在吹牛，这个世道挣钱哪里那么容易！

  但是后来我发现这个女生的行为方式和一般同学就是不一样，别的同学都在忙着考证过级，学习考研，提高知识储备将来好找工作，她却学习马马虎虎，一天到晚在学校门口摆地摊，卖过小玩意，卖过糖葫芦，卖过爆米花……就这样混到了毕业，在这期间她算了一下居然挣了一万元。

  毕业后，她更没有像我们一样参加各种面试，削尖了脑袋想要进一家大公司。她在父母的帮助下开了一个小门面，三年后同学聚会时竟然开辆本田来参加，5年还没有到，但是她真的实现了原来说买车的诺言……

当别人费尽了心思在学习，在考研，在考证，她却认准了自己创业，压根就没有想着将来去打工，结果毕业几年后就变成所谓的成功人士，而大学时代综合素质比她高很多的其他同学，要么拿着一个月两三千的工资，要么刚刚研究生毕业，焦头烂额地去找工作。她的经历很好地给我上了一课，让我明白了不同的选择决定不同的命运，不同的思路决定不同的出路！

试想一下，哪个人不想过上自由富足的生活？哪个人没有放下工作的牵绊，远行旅游的梦想呢？然而大多时候，我们只是做做白日梦，并不敢付诸实际行动，总是因为这样那样的原因，梦想常常搁浅。究其原因，就是缘于我们爱恨交加的"钱"字，如果有足够的钱实现了财务自由，不用为钱发愁，那么，你想去实现什么愿望，还用顾虑什么吗？钱当然不是万能的，但实现梦想太多时候没钱却是万万不能的。

试想一下，哪个不想睡觉睡到自然醒，数钱数到手抽筋？哪个不想告别"月光族"，变成"有钱族"，过上梦想中的生活？然而，为什么实现梦想的却又是少数呢？答案是几乎所有的人没有建立自己的收入管道，唯一的经济来源是通过打工来实现，众所周知，打工的收入是远远无法实现财务自由的。

浙江人中出了一个很了不起的经济学家，他总结了浙江人的工作哲学："宁做创业狼，不做打工狗。"当然这话说得很极端，很多打工的朋友都不乐意听，但是我们仔细想想，这话还真有点道理呢。

狼为了寻求自由，宁愿独立人格，自由思想，天天奔跑在大草原上，肆意地猎杀牛羊，尽可能地享受大自然提供的一切美味，它们是草原的主宰，是自己命运的主宰。而狗的生活恰恰相反，平时只能吃些主人的残羹冷炙，被主人吆喝着到处忙活，主人肆意地打骂，也多半不敢吭一声。委曲求全是狗们的标签，为了稳定的饭碗，为了自己老时有一份固定的口粮，一切都认了！如果把现实生活中的人们进行比较，估计打工的我们大多都是过着狗的生活，稳定安逸，但是永远吃不饱，想离

前言
打工是最不划算的投资

开主人家的狗窝，但是缺乏破釜沉舟的勇气！

不过，据我了解，现在的年轻人事业选择大多是做"打工狗"，而不是做"创业狼"。当然他们会做这样的选择，也是从现实的角度考虑的。就如当年大学刚毕业的我一样，除了年轻，激情和梦想，没有"富爸爸"，没有经验，没有方向，只能和班里其他同学一样选择进入公司，开始打工生涯。当时我的想法也很简单，就是想着进入一家好公司，拥有一份好工作，给自己储备点经验和资金，然后默默地等待一个适合的创业一鸣惊人。但是，后来我发现这样的想法是错的，在公司里工作几年之后，我不但没有挣到创业所需的资金，更是无法学到创业的经验和技能。可以说，打工生涯学到的东西对创业基本上是没有用的，因为两者的角度不同，思考方式不同，得到的经验体会必然也就不同，所以，只能这么说，打工几年后你唯一获得提高的是打工的技术技能，而创业最不需要的就是这样的技术技能。

我也发现，很多人刚开始有梦想有激情，希望通过自己的双手能够闯出一番事业，创造出惊人的财富，但是打工几年后，这些人普遍都丧失了原先的财富激情，丧失初生牛犊不怕虎的勇气，越来越沉湎于公司、单位之中难以自拔，后来创业的念头只能永远留在心底，成为永久的遗憾。然后等到"年老色衰"被老板辞退的时候，才后悔20年前为什么不出来自己创业。

古人说"男怕选错行，女怕嫁错郎"，这句话其实很深刻。天下三百六十五行虽然行行都可以出状元，但是同样一个人，选择了打工和创业，将来的区别就很大：选择了打工生涯，可能你很幸运，将来可以当上"金领"，但年收入也不过几十万，如果你很不幸，做了低级白领，也许每个月只有两三千元，一遇到猪肉涨价估计就吃不起了，即便这样卑微的生活，心中还常存恐惧，害怕失业；选择了创业生涯，可能你很幸运，将来可以做到中国富豪级人物，动辄捐助几个希望小学，时不时地享受高尔夫和私人游艇，也可能你经商能力不行，只能开个杂货店，甚至在菜市场卖个豆腐、白菜，但你也能赚个几千块钱，和低级白领过差不多的日子，但是你不用怕失业，因为每天都有人来买豆腐，买白菜，这又比白领生活强。

当然，这里我并不是盲目地贬低打工一族的生活，事实是打工一族与创业一族的人生真的是非常不一样的。时间长了，打工者的性格与创业者的性格也会有越来越大的差别。打工的我们扪心自问，自己是不是经常患得患失，害怕外面陌生的世界，害怕失业的危险，心灵变得越来越敏感和脆弱？但是生活变得越来越平庸，家庭的经济负担越来越沉重，房子和孩子教育日渐成为自己脖子上的经济绳索，勒得越来越紧，透不过气来，只好调整自己的心态，让自己逐渐适应城市小爬虫的定位，自己本来就是庸人，庸人何必自扰之，发财是人家的事情，咱没有那命。心态逐渐的疲惫和懒惰，整个人也没有了锐气和精神，只好安慰自己知足常乐，淡漠名利。于是，喜欢的东西买不起，想做的事情不敢做，自己的人生缩手缩脚，活得压抑、无奈。

思路决定出路，行动决定结果。马无夜草不肥，人无外财不富。循规蹈矩打工没钱途，打破常规才生财有道，建立收入管道，搭上财务自由的快车。

这里，我并非教你不务实，而是实现梦想实在等不起！这个世上没有什么是合适不合适的，也没有什么是一早就准备好的，创业机遇更是如此。世界永远在变化，当你真真正正开始想创业时，你会发现并没有我们想象的那般艰难，慢慢地我们会更深刻地体会到人生成功的因素在于自己对待事业的思路、规划和结果。

目录

前言　打工是最不划算的投资　　/ 001

第一章　时间不等人：你有几个"三十岁"　　001

　　30岁的人应该能依靠自己的本领独立承担自己应承受的责任，并已经确定自己的人生目标与发展方向。可以说三十岁是人生的一个重要的分界点，30岁过后，你所剩的时间和精力，已不那么充沛。但是对打工一族来说，原本属于自己的时间就很少，如果还是无法明确自己的人生目标和发展方向，依然过着浑浑噩噩的打工生活，你的人生还有几个"三十岁"可以让你去奋斗，去实现理想？

人生短暂，你在为谁拼命　　/ 003

面对现实什么困住了你的手脚　　/ 007

时间浪费在打工上，三十年之后你有什么　　/ 011

管好时间比管好金钱更重要　　/ 015

再好的老板也会"卸磨杀驴"　　/ 018

疲于奔命的人没有时间挣钱　　/ 021

业余时间，不可忽视　　/ 025

第二章　你的财富梦想在无奈的叹息中流产了吗　　029

人的精力总是有限的,打工路上总是消耗了你太多的精力,在你被压榨的同时,不是你没有创业理想,往往是精力不够用,分身无术,你的财富梦想只能在自己的无奈叹息中流产,在毫无意义的打工生涯中过着半死不活的生活,浪费着自己的精力和青春,换不来一个成功的人生。

你的生活压力为什么会越来越大　　/ 031
打工,你得到的永远只是"零头"　　/ 034
没有不想创业的人,只有无奈的打工路　　/ 036
投资理财不能急于求成　　/ 039
哪几类人创业失败的概率最大　　/ 041
不做不符合自己标准的投资　　/ 044
最赚钱的性格是什么　　/ 046
负债莫担心,用在关键处　　/ 048
经济危机时创业,成功的几率更大　　/ 051

第三章　储钱罐里的"财富经"　　055

很多人都知道"你不理财,财不理你",理财可谓是一门人人必学的学问,特别是打工一族,对着自己的那点微薄的收入只能"斤斤计较",详细认真地做好每一项理财计划,可以给自己今后的发展积累点资金,甚至可以通过完美的理财计划为自己带来第一桶金,实现自己的财富梦想。

金钱是一种思想,不能光用眼睛看　　/ 057
投资理财,心中要有数　　/ 060
创业初期,如何融资最省钱　　/ 062

目 录

无本赚钱，求人不如求己 /065
有了钱更不能忘记进取 /069
警惕上班族常见理财误区 /074
有时候不妨运用逆向思维 /076
与什么样的人合作能赚钱 /079

第四章　你是有本事的"穷人"吗　　　　　　　　081

　　尺有所短寸有所长，即使打工，你身上也有着过人的长处，想要实现自己的财富梦想就要懂得全方位地挖掘出自己的这些"潜能"，让自己成为"有本事的穷人"，让自己用"本事"说话，成就自己的成功人生。

职场之路，职业优胜劣汰 /083
信息时代，不拼资本拼专利 /086
人情社会，人脉决定命脉 /089
合作取胜，单干出不了英雄 /091
寻找能够带你飞上枝头的"贵人" /094
剑走偏锋，出奇制胜 /098
金钱优势，有钱一定好办事 /101
白手起家，完全依靠自己的良好道德 /104
结识那些跟你有共同目标的人 /107
首因效应好，省时又省力 /110

第五章　马无夜草不肥，人无外财不富　　　　　　115

　　打工不是没有出路的，关键在于你是否对自己所处的打工环境、打工平台、打工前景有着一个清晰正确的判断，在原有的打工基础上是否拥有足够的勇气和魄力去开创自己新的人生，请记住：马无夜草不肥，人无外财不富！

富还是穷，在于你的一念之间 / 117
拼一拼，人生需要一种魄力 / 120
背靠大树好乘凉 / 124
研究市场规律，紧紧抓住商机 / 127
人脉小投资，可换来大回报 / 130
注重细节是成大事者必备的品质 / 133

第六章　放轻松，人生处处生财有道　　137

财富梦想不会是白日梦，人生处处生财有道，只要你对自己，对局势，对方向有着足够正确的认识，并能义无反顾地去坚持自己的判断和选择，那么，你的人生何愁不富，何愁不成功？

没有目标成不了气候 / 139
稳赚不赔的自我投资 / 142
小投入也可以赚大钱 / 144
创业"正时候"，选择最佳的创业时机 / 147
创业要戒除急躁冒进情绪 / 150
警惕创业期的不良倾向 / 153
可以冒险，但要给自己留后路 / 156

第七章　边打工边做老板——内部创业　　159

也许现实的压力无法让你马上告别打工生涯，但是你可以选择内部创业，内部创业可以让你很好地利用自己现有的资源和平台，让自己打工创业两不误，可以说是打工族创业最便捷有效的方法之一。

创业的风险知多少 / 161
老板和公司是你最大的靠山 / 164
互惠互利才能财源滚滚 / 168

请记住，激情成就财富梦想　/170
两手准备，临危不乱　/174

第八章　上班族创业热身——兼职创业　177

谁说"一心不能二用"，只要你有着一个自己的特长，一项过硬的技术，通过兼职，上班之外给自己增加点额外的收入未尝不可。当然兼职创业不仅仅是改善你的生活，更重要的是它可能会帮你找到一条真正属于自己的财富之路。

你适合兼职创业吗　/179
兼职创业是个"技术活"　/181
边工作边创业主要应注意什么　/183
取长补短是你最佳的"吸金器"　/186
六字箴言：稳、准、狠、短、平、快　/189
"四项基本原则"兼职创业　/190
业余经商，小资本也可以过老板瘾　/192

第九章　告别"单枪匹马"的时代——合伙创业　199

这已经不是崇尚"孤胆英雄"的时代，想要成功，想要实现自己的财富梦想，"无人"不行！也许你的资金不足，也许你的经验不够，也许你的方向不对……但是只要你身边有着"高人"便和他们一起创业去吧，唯有创业才能真正让自己获得成功。

别在单打独斗的路上累死　/201
合伙创业需要你巧攀"高枝"　/204
从"狼狈为奸"看合作之道　/207
好朋友不一定是好搭档　/209
七招巧妙化解同事间冲突　/212

将"赢"变成"双赢" / 214

合伙创业不是百无禁忌 / 217

获得双赢,你得名我获利 / 220

第十章 信息时代,白手起家最快捷的创业模式——网上创业　223

　　信息时代,网上创业早已不是什么新鲜的东西,常常点一点鼠标,便能财源滚滚,这是所有"有本事的穷人"最省资本的致富方法,所有白手起家最简单的开端,如果你有这样的天分和优势,为什么不行动呢?

网络挣钱主要模式大盘点 / 225

网上开店赚钱的9条黄金法则 / 227

网上开店,关键是货源 / 230

网上开小店也能挣来大钱 / 232

"网赚"陷阱不可不防 / 236

第十一章 大树底下好乘凉——加盟创业　239

　　缺技术,缺经验,害怕失败,那么为什么不选择加盟创业?"大树底下好乘凉",加盟创业的品牌效益、技术支持、经验积累早已经为你铺平创业之路,低投入,高收益,高成功率,让你的创业之路少走了很多弯路,何乐而不为?

跳过加盟创业的8大陷阱 / 241

产品服务化,服务差异化 / 243

白领如何选择加盟连锁企业 / 246

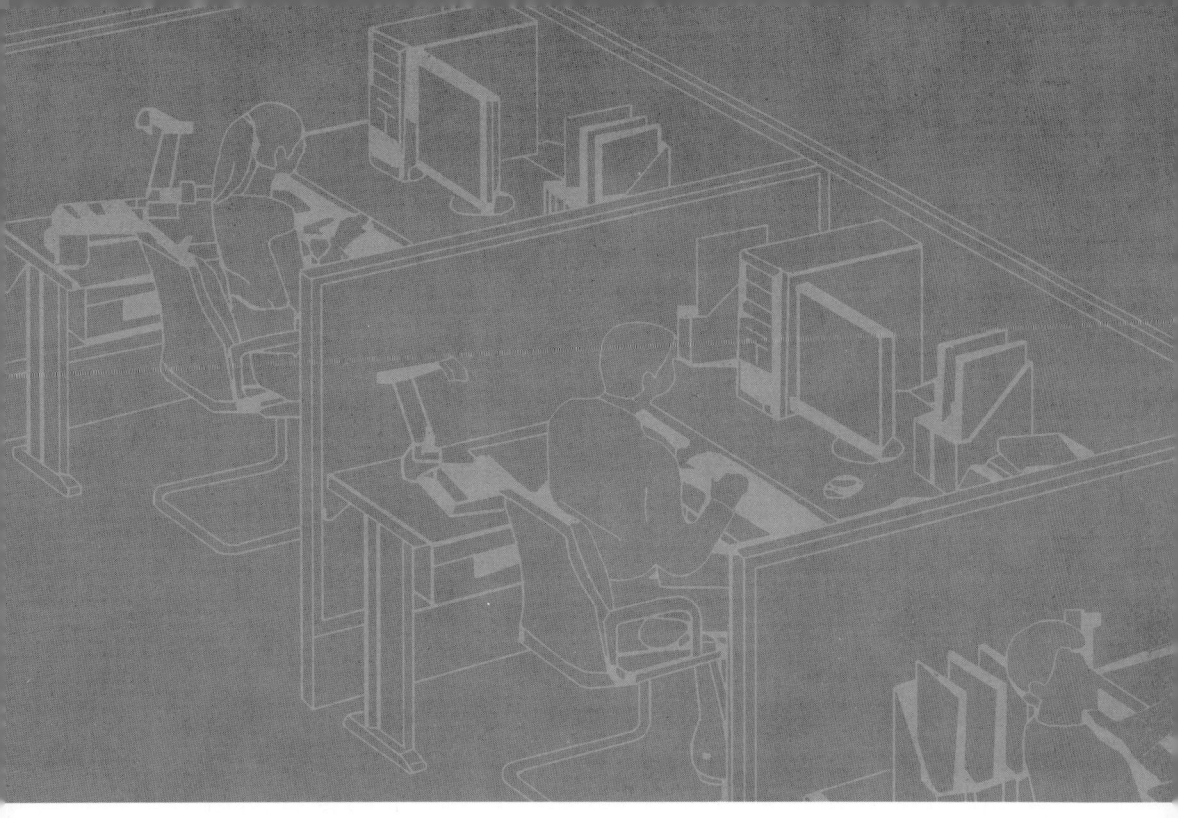

第一章

时间不等人：你有几个"三十岁"

30岁的人应该能依靠自己的本领独立承担自己应承受的责任，并已经确定自己的人生目标与发展方向。可以说三十岁是人生的一个重要的分界点，30岁过后，你所剩的时间和精力，已不那么充沛。但是对打工一族来说，原本属于自己的时间就很少，如果还是无法明确自己的人生目标和发展方向，依然过着浑浑噩噩的打工生活，你的人生还有几个"三十岁"可以让你去奋斗，去实现理想？

人生短暂，你在为谁拼命

　　人的一生大部分时间都是在不辞辛劳地耕耘，流汗、流泪、流血。我也常常感觉到这一辈子自己的期望和现实时有冲突：所期望的往往不够现实，而所得到的往往不是自己所期待的。特别是打工的那段时日，得到的更是微乎其微，勉强维持着温饱，却为此浪费了自己人生最好的青春年华，至今回想起来依然唏嘘不已。

打工永远只是在为别人拼命

　　"打工永远只是在为别人拼命！"可能你不是很认同我的看法。现在的你正拿着高工资，衣食无忧，觉得自己的小日子挺悠闲自在的。那么，你有没有想过，以打工为生，十年、二十年、三十年以后你拥有什么？

那时我大学刚毕业，面对着自己的人生雄心勃勃，相信凭借着自己的能力无论是打工还是创业都一定有所作为。那时的梦想是成为一名职业经理人。相对于我的同班同学，我还算是比较幸运的，毕业不久之后，马上就进了本市一家实力雄厚的大公司。当时我拿的工资在同学们当中算是高的了，自己租着个单身公寓，潇洒地过着"一人吃饱全家不饿"的生活。但是三年时间过去了，一次同学会上，我遇到了当年那个各方面都不如我的同学。因为找不到工作后，他便自己筹了几万元，在我们母校附近开了个小店。他含糊地对我们说自己每年也就挣个十几万，但是我们都心知肚明他的这个数字是非常保守的，他的实际收入远远比他说的数字多。而我打工的收入每年也就七八万，保险之类的还得自己交。正是这个同学刺激到了我，让我开始反思，不禁问自己：难道真的要一辈子打工？自己的付出根本无法与收入成正比！也是从那时起我毅然决然地决定辞职创业。如今我很庆幸当初自己的选择，要不然我不过还是在为别人浪费着自己最美好的年华。

王新杰是我认识很久的一个朋友，也许他的经历会对你有更大的启发。他曾这样和我说过："对我而言，找工作的过程就是把脑袋伸出来让别人宰割。"

对于王新杰的经历我很清楚，大学毕业后，他在七八年时间已经从事过好几份工作了，虽然积累了丰富的工作经验，但敏锐的他发现当自己劳心劳力累死累活地消耗了自己美好青春的时候，得到的往往只是老板的零头，自己依然只解决了温饱问题。历经打工磨难后，他把自己的赌注押在了一家新成立的私营建材公司上。老板让他好好干，和公司一起成长，并保证绝对不会亏待他的。王新杰以为自己终于柳暗花明了，为此高兴了好一阵子。我提醒他不要高兴得太早，不要相信老板的"空头支票"。但是他对于这份工作寄予了极大的热情和希望，我也不好多说。

为了拓展业务，王新杰连续加班了一个月，琢磨产品；为了调研市场，随后又一个人到外地出差，一个星期跑遍了5个城市，每天晚上坐车赶路，打听建材城的位置，一家家跑，让人知道还有他这家公司。回到公司填客户资料，同事只能填几十家，他填了一百多家。同事们都大吃一惊，老板却只是拍拍他的肩膀说了一句"做得好"，便再没有任何的表示。

5个月之后，老板对王新杰提出"合作"，让他到另一个城市拓展市场，利润分成。王新杰非常努力，年底算了算公司利润达到了两百多万，按照原先与老板的约定，去掉各种费用，他也能分得十几万。但是老板却以账目太乱为理由，把账目又重新核算了一遍，七算八算盈利竟然不到50万。老板更是以公司资金紧张为由，只给了王新杰2000多块钱，说明年再辛苦一年一定不会亏待他的。

辛苦一年到头来除了基本工资，一分辛苦钱都没拿到，我劝王新杰别干了。但是王新杰想了想说："现在公司才开始经营第一年，公司各方面投入都非常大，成本都还没收回来，老板拿不出钱也很正常。我想明年再赌一年，若是明年年底还是这样我就不干。"

"天啊，你还要在那里浪费一年时间？"我非常不可以思议地说道，"你已经三十好几了，是该好好想想自己的出路了，而不是再在打工上浪费时间了。你以往的教训还不够吗？"

"这次不一样，我愿意再赌一年。"他说。见他执意坚持，我也没辙，只能祝他好运。

第二年，通过一年的努力，到了年底公司盈利不错。王新杰和老板算账，他能得到十几万元，但是老板说公司资金依旧紧张，便发了些货物抵那些钱。我和王新杰去看过那些货物，都是些卖不出去的烂货、尾货，老板真够"黑心"的——这次终于让王新杰动了辞职的心思。

再次从一家公司"净身出户"，王新杰猛然发现自己竟然35岁了，折腾这么久依旧一无所有。他自嘲地对我说："这么多年了，真不知道自己到底在为谁拼命？"

其实，在我认识的打工一族当中，很多人和王新杰一样认为打工族想要出头必须比老板更加拼命。但是你有没有仔细想过，在打工的路上你在为谁拼命？如果没有想清楚这个问题，你只能在打工的生涯中庸庸碌碌，浪费时间一无所有！

我总结了一下，人生的打工方式无非两种：一种给自己打工，一种给别人打工。想要给自己打工便得自己当老板，可是现实生活中因为种种的限制，很多人觉得很难实现，便唯有选择给别人打工。而在给别人打工的时候，"老板发工资"只是一种说法，更本质的是"老板在购买你的劳动力和创造力"。老板不傻，他一定会想尽一切办法用合理的价格购买到最大利用价值的劳动力，为了保本盈利，他不可能支付太高的价格。当然作为出售劳动力的我们虽然也不傻，希望能用自己的劳动力换取最大的收入，但是我们再怎么算也算不过精明的老板，老板动用自己的一点点"善心"再加一点点利益诱惑便能让很多人拼死拼活贡献自己的一切力量，等你最美好的年华一过，才华走下坡路，他们只会"卸磨杀驴"，结果吃亏的还是自己。

人就这么一生，青春也就这么一回，在自己最美好的时光只能为自己拼命

不知道你们是不是有我这样的感觉：人生短似朝阳至日暮，又如春花、夏夜、秋日、冬雪般短暂，而能够让我们奋斗的也就那么几十年，如果把这最富有激情，最有精力，最有创意的青春岁月浪费在打工路上，为别人而拼命，你还有多少时间可以为自己而活？

我们的人生每一天都是现场直播，时间不会倒流，不会给我们彩排的机会，该怎么过我们的一生应该由我们自己决定。因此哪怕是打工，我们每个人都要有自己的奋斗目标，为自己的未来着想，而不是一辈子打工，用自己最美好的年华给别人做"嫁衣裳"。当然如果你能马上从打工生涯跳出来自己创业最好，但是迫于现实的压力，比如：资金不足，没有创业方向，那么你就要想着一边打工一边给自己增值，人生不会一直没有机会的。

人到这世上匆匆忙忙地来一次，我们每个人的确应该有个奋斗的目标。如果该奋斗的我们去奋斗了，该拼搏的我们去拼搏了，虽然还不能如愿以偿，但也无怨无悔了，大不了也是如打工一样"一无所有"，但至少你把最美好的时光用在了自己的身上，为自己的人生认真地拼搏了一回。

面对现实什么困住了你的手脚

仔细观察我们身边的人，你会发现每个人的人生就好像背负着一个沉重的行囊在行走，这个行囊里负载了很多沉重的有生以来就安排的东西：学习、工作、父母、孩子、爱人、朋友、社会……我们必须背负起这样的辎重，尽管有压力，仍要负重前行，这就是生活。对于打工一族而言更是如此。

其实，"打工"是一个很沧桑的词，一位打工诗人曾这样说过"打工生活不止沧桑，还有着更多的无奈、伤感和迷茫"。我认识的很多人不是他们没有抱负，不是他们没有财富梦想，没有创业的想法和激情，很多时候现实所困，不得不去打工，因此便出现了这样一种现象：

很多人因为无奈去打工，打工之后更是无奈

我清晰地记得，当时当自己认定打工只是在为别人浪费时间，决定自己创业的时候，内心还是犹豫了一下，发现创业并不是嘴上说说那般的简单。第一，我不知道自己该干什么。从大学毕业到现在，我从事的工作只有一份，所了解的行业也只有目前从事的这个，但是这个行业以我目前的"道行"根本插不进手；第二，我没钱。虽然打工了这么多年，但是除去吃喝拉撒睡所剩无几，那点钱根本不够创业的。基于这两点顾

虑，我还是选择了打工。但是有了创业这个想法之后，打工生活对我而言就更痛苦了。迫于生存的压力，我不能不打工，但是打工却无法为自己挖掘第一桶金。

在打工和创业上，除了我，相信很多打工人都有着同样的纠结和无奈。

认识董启已经十几年了，他也在这个城市呆了十几年了。我一直都清楚这十几年来对家中老小的牵挂让他即使成天坐在办公室里吹着空调，也只有心力交瘁的无奈之感。为了家里能够过上好日子，他年复一年地奔波在这个城市的每一个角落，也不知道何时是个头。他曾动过回家的念头，但是考虑到现实家乡根本没有适合他做的事，加上家乡的低工资、高消费更是让他不敢回家，生活对他而言，实在太无奈了！

我记得董启刚来这个城市时，打工的生涯只是两点一线，上班的时间从早上8点30分到下午的6点，中午没有休息时间，周末也没有休息时间，整个月就放两天假，过年的红包就1000元，每个月的工资就4000多元，房租却要交1000多元，他还得给家里寄钱，再除去日常应酬的钱，剩下的一点钱他连一件像样的衣服都买不起。这样过了几年，他才慢慢有点起色，但是自己的青春已经过去大半了。

现在董启终于有能力把妻儿接到这座城市，虽然解了自己的思亲之苦，却无形之中加重了自己的负担，但是他只能苦笑着"享受"这种无奈的生活。我和他算过一笔账：除去全家人在这个城市的基本生活费，他需要给在家操劳的妻子买礼物买几套像样的好衣服，需要花钱给自己的孩子找一个好学校，需要给父母时不时寄点生活费……每个月，他所剩的积蓄不超过千元，加上年底的奖金，一年下来的积蓄达不到五位数。虽然，他认为男人拼搏赚钱是为了家里的亲人快乐幸福。每到年底当他的妻子拿着他一年的积蓄去给双方父母买节日礼物，给孩子买新衣裳玩具，他能感觉到作为一个男人的自豪，但是更多的是一种说不出的疲惫和无奈。如今，他已不再是年轻小伙，需要开始为回家做打算。但是在家里吃穿用度，盖房子、找工作都需要钱。

当然，董启也想着找项目自己创业，但是看着银行里不超过六个数的存款，进退维谷，顾虑重重：把资金全部用于创业，一家人就要喝西北风；不去创业每个月拿着这点工资，也只能勉强维持生计。

董启并不是个案，我认识的很多打工人都面临着与董启相似的困境，总是迫于现实的种种无奈，肩上总是有着沉甸甸的负担，想要辞职又缺乏勇气，无法脱离打工生涯，白白地消耗掉自己的青春岁月。

其实，只要是个有理想有野心的人，只要你愿意改变，你的生涯就会改变

人这一生供自己奋斗的时间是有限的，如果只是一味地让自己深陷种种的无奈中，过着日复一日的打工生活，一辈子也只能庸庸碌碌，眼睁睁地看着他人出人头地。但是说到创业，很多人心里很矛盾，有创业单干的激情，同时又担心失败后悲惨的命运！就像一个年轻人和我说的那样："不是我不想去创业，不想成为富人，现实如此残酷，我不知道该拿什么去创业，因为我无法承担创业失败的结果。"相信他的话会是很多人的心声。另外，我也遇到过这样的一些人，他们思考了很长时间，最后还是决定等等再看，于是一月过了又一月，一年过了又一年，岁月流逝，光阴不再，沉浸在打工的生涯中难以自拔，结婚供房，身上的经济枷锁日益沉重，无力再搏，最后只好认命，打工一辈子。

面对他们的种种无奈，我一直在想打工一族的创业困境究竟在哪里呢？通过我自身的打工经历及对很多打工人的观察和了解，总结起来无非就是这几种：

没有时间，除去上班的时间，剩下给自己的已经少之又少；资金短缺，每个月的那一点工资除去自己的开销便所剩无几；经验不足，特别是想进入一个陌生的行业往往存在着很多的风险；没有方向，一直在打工，根本没有时间留意哪些行业是自己能够插手，能够胜任的；身边人的不支持，一直以来中国人都是奉行小富即安，只要生活能够维持并略

有结余便不想去冒险，只要你稍微有点"动作"，便开始阻挠——难道我们真的一点办法都没有吗？其实不然。资金不足，我们可以选择低成本创业，可以选择一些服务型行业，如中介公司等；经验不足我们可以从熟悉的行业入手，哪怕是目前自己正在从事的行业；没有方向，边打工边观望，等待一个合适的时机，在这期间一定要注重个人品牌的建立，就像一些有名的职业经理人、行销专家、发明家等，然后利用自己的无形资产和别人的有形资产结合，达到无本创业的目的……

当时我陷入打工和创业的矛盾，痛定思痛之后，我终于给自己找了一条出路"经营自己"。我们要注重个人品牌的建立，像一些有名的职业经理人、行销专家、发明家等，然后利用自己的无形资产和别人的有形资产结合。我的文笔不错，写作是我的擅长，打工那会儿我便开始利用自己的这个擅长在本市各大报纸发文章。不久有了一点名气之后，便有人来找我约稿，此时我更是大胆地让自己开始尝试剧本创作。正是剧本创作让我挖掘到了第一桶金，才有了我现在的事业。

无论怎么样，我始终认为打工的你要有创业的心理准备，要有吃苦和百折不挠的精神，要有正确的方向和方法，要有良好的规划和人生设计，不困于现实，充分利用现有的资源，发挥自己的才智和优势，扬长避短、善于借势开启自己的财富人生。一味地打工、埋头苦干，却不动脑子，不挖掘智慧，只会让你如同井底之蛙，跳得再高不过是在三分地上；可只要你敢于探索，充分利用自己身上的长处，将其发扬、扩大，并及时把它发挥到极致，那么此时的所得，将会比你在打工十年的所得还要多。

金钱不是创业的目的，而是创业的结果，创业固然有风险，但是绝不能因此而放弃创业，放弃了创业的机会，因为不敢迈出创业的脚步，甘心于永远做个"打工人"，那么你的事业之巅也就只能如此了。

时间浪费在打工上，三十年之后你有什么

完全没有鄙视打工一族，没有看不起每天按部就班的上班一族的意思。只是从每个人长远发展去看，日复一日的重复每天毫无生气的工作，远不如自己创业有激情和能实现个人最大价值。同时，我也不主张不通过先打工学习经验和积累资本一蹴而就的创业思想。但如果是常年的安于打工的现状，这就是典型的不思进取和懒惰的行为。

如果你想要更好的生活，一定要找回你的企图心，别把时间浪费的打工上，勇敢迈出创业这一步。想想你十年后，三十年后你想过什么样的生活，从现在开始马上付诸理性的行动——要不马上扔掉这份鸡肋一样的工作，勇敢去创业；要不还在你经验和不足的情况下，你以这份工作为跳板，努力积累经验和资本，偷师学艺，一边工作一边寻找投资和创业的机会。

打工是最不划算的投资

很多人会认为打工并不是投资，我强烈反对这种观念。人生最宝贵的是什么？除了我们的青春还有什么更宝贵？时间成本是比任何其他成本都最容易忽视而且是最昂贵的成本。为什么说最不划算，我们从投资的收益去分析：

首先，从经济回报来讲，即使你是公司副总，一年为公司创造上亿的收入，而你一年又能得到多少？任何一个决策、方法，哪怕是你想到的，也是非常正确的。但是，如果老板不拍板签字，那还是一纸空文。明明老板是错的，你也没有办法去坚持自己的主张。老板永远首先想到的最可能是自己的回报，最后才是你的收益，所以，打工很难体现自我

价值。

其次,就算你当前是公司里的红人,打工也有年限的。当你上了年纪时,公司不一定还需要你。就算你年轻,公司要发展,到了一定阶段,公司都会淘汰你。因为,公司要发展,就不得不注入"新的血液"。因此,打工具有局限性,而且收益也极不稳定。

另外,打工很容易迷失自我。当公司大多数同事要去卡拉OK时,而你根本就不爱好或者就根本不想AA制掏钱出来。如果你不去,同事们一定会说你不合众,甚至将来影响你的工作。日复一日,年复一年重复没有激情的工作,很容易让自己迷失,让自己丧失了斗志,随波逐流。

最后,别以为不做老板就不会有压力,会变得很轻松,员工其实有员工的压力和无助。生活和工作条件自然是最差的,一般打工者工资自然也是有限的。有时候一个建议明明是正确的,上司也明白。可上司就是不上报,也许怕你超过了他,他总是对你打压,不给你机会。用他的话说,不准越级上报。这让我们有种怀才不遇的感触。这种境遇,估计很多人有同样的感受,除了无奈和无助外,更是一种绝望。

综上所述,打工的日子里,我们除了不能获得我们想要的财富外,其中的辛酸、失去自我的生活让我们根本就无法找到自我,甚至迷失方向,更不说体现我们的人生价值了。我们永远都是在为别人做嫁衣,所得到的都是老板剩余的价值,这就是打工的性质。不论从收入、人格还是前途,都是老板实施的价值。所以,如果人生有比打工还好的投资,请抓紧改行。

没有人阻止你出人头地,除了你自己

很多人想把握机会,要做一件事情,但往往给自己找了很多理由,不断浪费时间,虚度时光。每个人都有两个"我",一个正面的"我",一个负面的"我"。之所以太多人没有采取积极的行动,是往往被一另

一个负面的我战胜了。我们来分析一下这些常见的借口：

1. "我又不是马云，我哪有那种能力"

能力不是天生的，马云创业时也看不出他有多么超凡的能力，他推销黄页时，人家把他当骗子无数次拒之门外。不给自己机会去锻炼，又有谁一出生就有跑的能力？能力是努力修来的，不努力想有能力，天才都会成蠢材，但努力，再笨的人也能成精英。

2. "我只想做个小康生活的平凡人，创业太辛苦，我没兴趣"

这是我听到的比较糟糕的理由，表面看是兴趣问题，实际是缺乏企图心，没有勇气和胆识改变现状的表现。兴趣是什么，吃喝玩乐谁都有兴趣，没有成就哪里来的尽兴。别说你对打工真有兴趣，挤公车、上班签到下班打卡真那么有兴趣？如果不是为了养家糊口，何来的兴趣？千万别说你对钱不感兴趣，你说不感兴趣，这是因为你没有勇气去创造财富。

3. "我很穷，我没有钱"

这个理由几乎是最常见的理由。有钱没钱其实是相对的，一般亿万富翁比起李嘉诚、马云，他也是没钱的。凡是能用钱解决的问题，那也就不算问题了，问题真不是没钱，而是没有赚钱的脑袋。真有赚钱的企图心和规划，你收入再低，也会有计划地积累资金，为创业而准备。所以，最关键的不是你穷，没有钱，而是你没有勇气和决心，倒是没钱正是激发你创业的源动力。投资和创业中，钱当然是个重要的问题，但不是决定性的因素，否则为什么有的创业者是在"烧钱"，有的则能白手起家？

4. "我没有时间"

不是没时间，是你没把时间用在对的地方。记得有句话是这样说的，你的时间投在哪里，收获就在哪里。这句话告诉你时间本身就是投资，你把时间用在牌桌上，你自然就是赌徒，你把时间用在花天酒地上，你自然只能一学无术。反之，你把时间用在投资和创业上，只要够坚持，自然收获经济回报和稳定发展的事业。

不想成功，理由千千万万。为什么你一直是打工仔？因为你安于现状，缺乏勇气，没有超越自我的精神。你害怕输，害怕输得一穷再穷！你抱着雄心大志，努力拼搏了，结果你没看到预想的成就，你放弃了。为什么你一直是打工仔？因为你只想做按班就部的工作，你想做无本的生意，你想坐在家里等天上掉陷饼。为什么你一直是打工仔？因为你随波逐流。你听命父母，听信你亲戚，你没有主张，只想打工赚点钱结婚生子，然后生病老死，走你父母一模一样的路。

追根究底，不是别人阻碍你出人头地，而是你自我设限。想要改变，就要从改变过时的思想开始。

摒弃借口，努力去实现自己想要的生活

可怜之人必有可恨之处。这一生中不是没有机遇，而是没有争取与把握，借口太多，理由太多。方法总比问题多，争取之人必竭力争取，1分钱都没有也千方百计想办法，不争取之人给100万也动不起来，发财不了，还有可能一败涂地，这就是行动上的欠缺，喜欢犹豫不决，喜欢拖延，喜欢半途而废，最后一辈子庸碌无为！还有的人，做事三分钟热度，一开始热情高涨，等会就继续懒散，这种人成功的帽子也不会在你的头上。

看看为什么别人身价几个亿，你自己还在为钱奔波？不要羡慕别人命好，别人很困难的时候是怎么坚挺过来的，怎么克服困难、突破自己、改变命运的，你没看到罢了。活着就是要体现自身价值！

有句话说得非常好："今天的成功是昨天的积累，明天的成功则有赖于今天的努力。"

十年，二十年，三十年后你想过什么样的生活，就取决你今天采取什么样的经营模式。你是想辛苦一阵子，幸福一辈子，还是想辛苦一辈子，幸福一阵子？如此发问，似乎每个人的答案都是前者，但是面对现实的艰辛与残酷，又有多少人有选择的勇气和胆识呢？

关于投资与创业其实谁不想呢？别说绝大部分的打工一族，就是流浪的乞丐，他也想通过投资和创业改变命运，他也想开保时捷，住豪宅，但是我们绝大多数打工一族和乞丐思维是一样的，只是想想而已，不是有"一定要"的强烈企图心。因此，我们综观现实世界，会发现这个社会成功的依然只是少数人，绝大多数人总是给自己的穷困找借口，寻求自我的心理安慰。

有句话，我认为说得相当的精辟，所以，我铭记于心。大意是这样的：困难是上帝设置的一种淘汰机制，淘汰那些信念不坚的人，让那些持之以恒的人晋升，让他们成为成功者。我感觉是一语道破人生的成功之道，试想一下，成功要是如此的轻而易举，那么，我们的人生那是多么的无趣和没有挑战性哦，如小溪蜿蜒入海一样，正因为有了一路的曲折，才有了一路小溪水动听的声音与一路美丽的风景，试想流水直线入海是怎样的乏味？

生命于每个人只有一次，何不让它精彩，让它充满激情与挑战，不妨对自己狠一点，摒弃那些表面的借口，勇敢赌一把，为未来的精彩而战。

管好时间比管好金钱更重要

人们常说："方法比勤奋更重要。"的确，如果办事的方法不正确，再勤奋也不会有所成就的。同样的道理，时间比金钱重要，因为金钱没了可以再赚，而时间没了花再多的钱也买不回来了。

常常有人抱怨自己的时间太少，要做的事情太多，工作太忙等。表面上，这些人每天都非常忙碌，但却没有取得什么成果。他们并非真正充分利用自己的时间，因此，到头来他们所拥有的时间还是不够用的。所以，管好时间对一个人来说尤为重要。

二八定律

事实上,对于时间的有效管理,有一个"二八定律"。往往在生活中,很多人可能都有这样的体会:80%的收获源于20%的时间,而80%的时间却只创造了20%的成果。从这里我们也能看出,并非我们花费的时间多就能收获好的结果。我们应当明白,要把时间用在可以让自己感受快乐、成功、满足的事情上,而不是枯燥、低效、例行公事的事情上。

如果我们在时间管理方式里面填入经济观念,我们就会发现,时间管理和理财是一样的。因此,日常的工作过程中,只是给自己所要完成的任务列个清单,而后再去完成是远远不够的。如果我们想获得更大的成绩,应当将时间放到重要的事情上,抛开低价值活动,把时间投入高价值活动中。这正对应了中国的一句古话"好钢要用在刀刃上。"

那么究竟哪些事情算是低价值活动?例行公事的事,远远超过我们预计时间但仍然未完成的事,枯燥无趣的事,当然了,还包括一些我们不擅长的事。与低价值相对的高价值活动包括:关系着我们人生重大目标之事,一直计划要做的事,以及千载难逢、稍纵即逝之事。

对于我们来说,这个社会中最公平的就是时间。因为每个人都拥有时间这个资本。如果两个智商、学历相同的人中,一个人的工作时间比另一个长,却仍旧没有另一个人取得的绩效高,那么这个花费时间多的人可能在合理安排分配时间的环节出了问题。现实生活中,很多因素都是不受我们控制的,但不管其他情况如何糟糕,如何让我们摸不着头脑,时间总能被我们牢牢掌控于手中。

目标明确

要将低价值活动同高价值活动区分开来,保证不影响自己完成工作任务的情况下将自己的时间资本投入至高价值活动里面。当然了，仅仅做到这一点还是远远不够的。

我们还要将理财中的"节流""开源"两个法宝拿出来使用。其中，"节流"即"省时间"。为了做到这一点，我们可以列出个时间"收支表"，将自己每天要做的事情全部记录下来，等自己做完全部计划中的事情时，还应当学会全面评估时间使用情况，评估的过程能够帮助我们找出低效率做事的源头，让我们明白这其中的前因后果，同时学会管理自己的时间计划。

我们可以把自己的时间分为以小时作为单位的时间块，对每个小时进行合理安排，这对于切实完成每天的目标有着重要意义。人们常说：计划没有变化快，但是，善于做计划的人的成功几率比不做计划者的成功几率高很多。我们一定要养成省时的习惯，提高自己的工作效率，尽量做到一天24小时"收支平衡"也就并非难事了。

那什么是"开源"呢？其实它就是"赚时间"。这个我们可以通过几个方面来实现：

第一，尽量把自己的零碎时间也利用上。

比如，在等车、坐车的时候，我们可以读报纸，在睡觉前的空闲可以看看书，当我们散步时可以与友人讨论一些问题。那些有着辉煌业绩的成功人士往往都是开发时间资源的高手，并不是说他们的个人条件或者背景有多好，只是他们比我们一般人多了一份会"算计"时间的心。

第二，可以"通过金钱为自己买时间"。

可能你看到这里就觉得不可思议，时间是买不到的。没错，过去的时间的确没法用金钱买到。可是对于当前的时间我们则可以实现。比如：乘公交车能省钱，而打车虽然费钱，但能节省时间。通过各种现代化的机器可以让我们做家务的时间大大缩短，于是用于创造工作价值的时间就会大大增加。

第三，保持时间运用的"弹性"。

古语有云：文武之道，张弛有度，无论做什么事，都应当保持时间运用上的弹性，这样才能高效、持久地运用时间。爱因斯坦在工作之余会弹弹钢琴，换换脑筋，以便接下来用更清醒的头脑去工作。

在当今快节奏的都市生活中，倘若只是心疼金钱而事事躬亲，或只用金钱去衡量和取舍自己做事的方式，有很多原本可以很好利用的时间都被占用，这样的做法得不偿失，总会让人因小失大。倘若长期如此，就可能平庸终生。

所以，我们不能忘记管理时间胜于管理金钱的道理。当对自己时间的管理形成习惯的时候，我们的人生就会从此不同。

再好的老板也会"卸磨杀驴"

卸磨杀驴自古有之，刘邦杀韩信，朱元璋火烧庆功楼等等举不胜举。有句古话很鲜明地描述了这种行为，称之为："兔死狗烹，鸟尽弓藏"。这种行为在现在的眼光看来是极其残忍和道理沦丧的。但在封建社会，封建王朝主宰者为了捍卫自己的权力以及王朝的延续，杀功臣消除威胁是屡见不鲜的做法。

现代企业似乎也很好地继承了"卸磨杀驴"这种传统，企业主针对的是那些对企业做出很大贡献的人，一般情况下包括技术人员和销售人员，原因有三：其一，这类人的薪水比较高，一人的薪水相当于数十员工，甚至数百员工薪水的总和；其二，这类人业务能力超强，在公司影响力较大，很容易"功高震主"让老板担忧一旦叛变将会给公司造成巨大的损失；其三，这类人在公司的使命已经完成，也就是说他的能力已经发挥完。就像将军打完仗，进入王朝和平时期，不需要将军再打仗了。

金一诺是位职业经理人，他从一家合资食品企业的区域经理位子上跳槽到一家民营食品企业任营销总监，直接向公司老板汇报工作，主要负责渠道的拓展。金一诺雄心勃勃，他对自己的工作很有信心，下定决心利用 1 年时间使现有的回款翻一翻，完成对老板的承诺。

果然，金一诺不负众望，他利用 10 个月时间就完成了自己 1 年的目标。

老板愿意用百万年薪聘请他，也正是看上了他的背景和渠道拓展经验。可是接下来的事情的发展就有点不妙了，老板不断削减金一诺的权力和终端费用，经常直接指挥他的下属，并且安排自己很多亲信直接管理重点地区的销售回款。

直到合同期满前的某一天，金一诺的境遇更是遭到前所未有的打击。那天，公司召开经营分析会，老板大赞他的工作成绩，因表现突出，要给他晋升职位。所有人都猜测是公司的营销副总，可老板宣布任命他为公司顾问委员会主任，不用坐班，工作任务就是给各大区进行培训和工作指导。

明白人都知道这是明升暗降，典型的"卸磨杀驴"。金一诺经过半年多的苦苦坚持，看着自己一手创造的成绩被别人得利，心里很不是滋味，默默选择了离开。可是老板是最大的"赢家"，用了 300 万元左右就取得了销售渠道，这些钱就是打广告都得不到现在的利润，老板心中窃喜。

金一诺不知道自己到底怎么了，心情十分低落，就花 20 多万元去清华大学读 EMBA 教育，在学习过程中认识了一位做家具的企业老板。经过多次交往，他深得家具老板的赏识，感觉相见恨晚，毅然受邀加盟新的东家，并出任某某家具集团的总裁。在经过一系列的流程再造、制度更新等措施下，企业旧貌换新颜，在该区域家具行业首屈一指，悲惨的命运还是又一次来临了，老板用 100 万元换他的自动离职，原因又是惊人的相似。

屡屡遭遇打击，金一诺彻底醒悟：人性都是自私的，对于老板而言，经营企业、聘请一个人才也好，都是生意，生意最重要在于能"赚"。对于老板而言，优秀的人才是免费的，哪怕他给你开一百万元，几百万元，看似成本很高，但是从他聘用来赚的回报看来，可能是上千万元，上亿元，所以，他聘用你是划算的投资。只是持续性赢利的生意往往是难得的，当你完成使命后，老板就会觉得继续给你现在的薪水是昂贵的，所以，就会卸磨杀驴。

从道德层面上来说，这样的老板是令人鄙视的；从法律以及企业经营角度来看，这样的老板是精明的，因为企业赚钱是首要的，正像马云所说的"企业不赢利是犯罪"；但从企业长远发展，以及以一个企业家的修为来看，这样的老板目光是短浅的，至少这种唯利是图的人，永远成不了真正的企业家。

金一诺明白这一切后，深感给别人打工是无法完全实现个人最大价值的，只有自己当家做主去创业才能实现。他在北京成立了一家营销策划公司，经过2年的奋斗，成绩斐然。他这个时候更加明白，如果不把自己逼到一个特殊的位置，自己都不知道自己有这么优秀。

像金一诺这种遭遇不能说是现在职场的普通现象，却是常见现象。当员工利益与老板利益发生冲突，一般老板自然会站在生意人的角度做出权衡。

根据我的职场经验，卸磨杀驴的老板一般分为两种类型：

第一种老板许出空头承诺，甚至和你签合同合作5年到10年，给你股份、提成、高薪等等。生活中对你无微不至，他还会给你不少的安家费，平时每月先给你不少工资。当你完成你的工作"使命"后，承诺你的一切都没有了。老板觉得你没"利用价值"之后，就以增加薪水或提成为由，诱骗你签订包含有保密协议的合同，为卸磨杀驴做准备。

这时候很多不太懂法律的员工就上当了，认为合同中某一条不合法，整个合同就没有法律效力，其实不然，法律上是就事论事，公司没有按合同上说的发工资，并不意味着合同的其他条款无效，并不意味着合同作废。当你签过合同后，你正梦想着按合同上所说的再干十年二十年，不出三个月，老板的卸磨杀驴动作就开始了。

第二种老板同样擅长给你画大饼，给你许下空头支票，甚至和你签合同合作 5 年到 10 年，给你股份、提成、高薪等等。但是最关键之处写得模棱两可，不在合同上体现具体指标。

生活上，对你显得特别阔绰大方，今天请你到豪华酒店吃一顿，明天请你到几星级饭店喝一顿；逢人就夸奖你，说你技术了得，把你当成菩萨一样供着。

然而，平时不给你发薪水，只给你生活费以维持生计，一切薪水说年底再给你。你因为他的热情与真诚而感动地几乎要流泪，于是就倾己所能，加班加点地工作，把自己所有的配方和生产工艺都教给公司。公司的销售额猛增，到了年底，正当你以功臣自居得意洋洋地领取报酬衣锦还乡时，老板却以各种理由拒绝给你。

遭遇这样的老板，只能说明你的不幸，但也不必耿耿于怀，这是人性自私的表现，站在生意人的角度，再好的老板也会卸磨杀驴。所以，与其抱怨，不如在工作中警惕这样的陷阱，另外最重要的还是要另辟蹊径，为自己多增加一些经济来源的管道，为自己将来经济自由积累资本。

疲于奔命的人没有时间挣钱

做任何事情，匆匆忙忙结束表面看用得时间少，可是质量这个根本却得不到保证。所以这不能是万事大吉，而只能是自己浪费时间的表现。

做事不要太匆忙

观察周围的人，我们会有这样的发现：有不少人总是一味地匆忙做事，表面上看起来他们就像蚂蚁一样，总是那么勤劳，总是那么辛苦。可是从他们办事的效果来看，却不见得有多少实质性的收获。因为他们做事太草率了，总是冒冒失失，这能有好的收获吗？

冒失是不可取的，它是指对遇到的事情不经过自己的深思熟虑，只靠着自己一时的冲动就匆忙做出决定。人常说，心急吃不了热豆腐，如此匆忙的决定能取得好的效果吗？答案显然是否定的。有的时候甚至会因匆忙而酿出大祸。

这样的人往往不进行认真思考，从而对事情的估计就会出现偏差。他们往往为了迅速摆脱自己的紧张情绪，在没有考虑好主客观条件的情况下冒然行事；他们追求快节奏的生活，一件事还没有做完就又去做另一件事或几件事一起干。

不论做什么事情都不要太匆忙，差错往往就出在匆忙之中；同时也不要太轻率大意，在没有搞清楚事情的来龙去脉之前不要急于表态或发表意见。有的人为了提高自己的工作效率就想匆忙地做完手头上的事情，而赶快进入下一件事情。其实这不是问题的关键所在，匆忙做事不但不会提高我们的工作效率，而且会给我们的工作带来许多麻烦。

正确的做法应该是这样的：弄清事情的缘由，做出执行的具体安排，这才能提高我们的办事效率。一位著名的企业家曾经说过这样的话："你应该在每一天的早上制定一下当天的工作计划，仅仅5分钟的思考就能使你一天的工作显得非常有效率。"

我们可以做这样一个假设：一家公司开发出了一种新产品，如何开拓市场，通过什么渠道寻找经销商就成为摆在公司领导层面前的一个重要课题。如果我们是这家公司的领导，我们该怎么做呢？我们是到达某个地方后就急于四处走街串巷找客户呢，还是进行一系列的市场调查后，再制定出自己的拜访路线和计划呢？

这时又会有新的问题摆在我们面前：每个城市都会有好多经销商，所以我们没有那么多时间，也没有那么多的人力去拜访每个客户。只需要重点挑选一些即可。比如我们可以挑选出客户中20%有意向、有销售渠道及有实力的经销商，然后对他们进行重点拜访。这个时候就可以用上"二八定律"即用80%的时间来和20%的重点客户进行沟通。

在按照上述方法做的同时，我们不要放弃那些潜在经销商，对他们可以简单地散发新品招商资料就行了。

在做一件事情之前，经过了周密的调查和分析，这才会有助于我们找到解决问题的最佳方案。这就是所谓的磨刀不误砍柴工。往往一味着急的人，也是最终失败的人。好的钟表行走规律，不快也不慢，而有智慧的人做事也是这样，他们并不匆忙，但也绝不拖沓、不踌躇，也不莽撞。有条不紊，不慌不忙，绝不拖延是他们的行事风格，也是他们取得成功的唯一法宝。

切忌什么事都做

我们可以在开车的时候打电话、看电视的时候剪指甲，也可以在开会的时候思考午休吃什么、回复邮件的时候顺便讨论办公室趣闻……生活中、工作中的"一心多用"比比皆是，貌似并没有影响我们什么，但是纽约心理教授乔治·H·诺斯拉普博士却表示：如果我们同一时间段内做几件事，会令我们产生心烦意乱的情绪，因为在一心多用之下，我们很难集中注意力，这样会造成压力的产生。

法国侦探小说家乔治·西默农是现代高产作家之一，一次一位记者采访他，询问他高产的原因，乔治·西默农是这样回答的："创作一本小说的时候，我必须做到与世隔绝，做到'三不'——不看信件、不接电话、不见客人，这样才能全身心地创作，作品才会精彩。"

乔治的成功正是源于只做一件事情，试想如果乔治在创作的时候什么事都会做的话，也许他不会有精彩的作品。

心理学教授辛迪·勒斯蒂格曾经通过实验发现，同时做很多事，并且成功，几乎是不可能的，不断地转换任务会使效率降低将近四成。

很多人把一心多用理解为"勤劳"，"勤劳"是我们国家的传统美德，生活里我们应该勤劳多干活，工作中勤劳也会为我们的职场生活创造更多的机会。但是"勤劳"与"一心多用"有着很大的区别，前者是在自己的能力范围之内，迅速且高质量地完成分内工作；而后者是指在同一时间段内，分散注意力去做事。如果从结果来出发，前者会给我们带来良性的结果，而后者则会致使我们产生思维混乱，更有甚者会注意力不集中。

李珊刚毕业半年时间，在一家外企做行政专员，平时的工作极其琐碎，李珊常常忙得焦头烂额。很多时候李珊到单位之后，便开始一天的工作，通常是查询上司来电、接着是打印邮箱里上司的文件。常常在执行这些事务的时候，上司会给李珊安排临时的工作，像是会计部要这周的出差报销单、营销部要这个月的任务表……这种情况下，李珊不得不放下手头的工作，来应付上司的临时安排。

往往上司的安排一股脑发给李珊，李珊总想赶快完成，一时也理不出应该先完成哪个，于是东做一下、西做一下。当打印文件的时候觉得制定工作报表更重要，于是回到电脑前制定报表；制定报表的时候，心里又觉得整理会议记录最紧急，于是开始整理开会记录……等到上司来要完成成果的时候，李珊才发现自己什么都没完成，每样工作都只完成了一小部分。

李珊每天的工作状态都很类似，虽然忙得脚打后脑勺，但毫无效率可言，最关键的是李珊常常感觉自己疲累不堪，不知道应该怎么解决。

无论是生活还是工作，我们都会遭遇李珊的经历，专心做这件事的时候，心里会有一个声音在说：那件事更重要，赶紧去做那件事吧，并且付诸行动。但是即便是在很多事情都很重要的情况下，我们也不会长出三头六臂去解决一切。所以这个时候，我们只能做一件事，那就是最重要的那件事。我们也只有明白了这一点，今后才能够真正的去做自己的大事。

将全部的精力放到现在正在做的事情上，这样我们做事的效率才能更高。这就好比一个正在伐木的工人一样，如果伐木的时候一心想着摘松果的事，那伐木的速度就会慢下来，不但松果没有摘到，就连木头也没有伐好。

做事的时候不妨时刻提醒自己,秉承着专心致志的做事态度,做什么都要做出个样子来,三心二意、丢了西瓜捡芝麻,到头来只会一无所获。

可以在心中默默地告诉自己,自己现在所做的事就是最棒的,无人能及的,只要集中意识去做,终将获得令人欣慰的成效。

其实,工作有的时候就是我们积累的过程,通过工作,我们积累人脉,积累经验,反思过失,而所有的这一切都是我们创业的宝贵财富。

业余时间,不可忽视

时间,有工作时间和业余时间之分。工作时间利用好,能让自己的事业步步高,业余时间利用好,能让自己的事业锦上添花,能让自己站得更高,看得更远。

朋友,你对自己工作外的业余时间是如何安排的?也许,有不少人的回答就是放松一下,看电视,玩游戏,睡觉等。其实这样的做法并没有让自己的业余时间发挥光和热。不要小看业余时间,往往这些业余时间能造就一个人,也可以毁掉一个人。

在一所城市的郊区住着三户人家,他们三家的房子正好在一排。三家的男主人同时都在城里的一家炼铁厂打工。

在炼铁厂工作很辛苦,而且工资也不高,所以下班后他们三个人都有自己的活。其中一个买了一辆三轮车,于是下班后就去城里拉人,一个则在街边摆了一个修车摊,还有一个下班后并没有去挣外快,而是安安静静地在家里看书,写文章。这三个人中,蹬三轮车的那位挣的钱最多,他拉客人的钱都比自己在炼铁厂挣得多,而那位修车的收入也不错,最起码支付柴米油盐的开支还是没问题的,只有那位读书写文章的人没有收入,可是他的生活也很自在。

有一天，三个人坐在一起聊天，突然间他们就谈到了理想这个话题。于是他们就相互交流了一下。蹬三轮车的人说："要是我以后天天能拉到客人就很满足了。"修车的说："我非常希望自己能在城里开一个修车铺。"喜欢读书的那个人思索了一会儿说："我打算以后离开这家炼铁厂，我想当一名作家。"他的理想在这三位中是最难实现的，当然其他两位听了他的话后根本就不相信他能实现理想。

5年过去了，他们三个依然过着原来的生活。可是10年后已经产生了变化，那位修车的实现了自己的理想，他在城里开了一家修车铺，自己当起了老板。而那位蹬三轮车的依然在炼铁厂下班后去城里蹬车。而那位看书写字的人，已经发表了不少作品，并且出版了个人作品集，成了一名响当当的作家。

看似并不多的业余时间，却让他们之间有了这么大的差距。由此可见，业余时间用好了，自己的人生也能升值。

人的生命是有限的

人的生命是有限的，但人生的价值则是无限的。我们完全可以利用有限的生命去创造出无限的人生价值。时间具有双重性，最慢也最快，最小也最大，最长也最短。有人说，时间就像一块海绵，要靠一点一点地挤；也有人说，时间更像一块边角料，要会合理利用，只有一点一滴地积累，才会得到充足的时间。而对业务时间的合理利用，则为我们走向成功增加了一些筹码。

我们再来看下面这则故事：

麦都在14岁的时候，由于年幼疏忽，对于格林·布鲁斯先生曾经告诉他的一个道理没有注意，在他后来回想的时候，觉得布鲁斯的话说得简直太对了，直至他长大成人后的工作和生活，也从这句话中受到了很多启示。

第一章
时间不等人：你有几个"三十岁"

格林·布鲁斯是麦都的钢琴老师。在一次上钢琴课的时候，老师忽然问麦都每天花多长时间去练琴。麦都说大约三四个小时吧。

"那么你每次练习的时间都很长吗？"

"对，最起码我是这么认为的。"麦都说。

"不，你最好不要这样。"布鲁斯说，"等你长大后，你就没有那么长的时间去练琴了。但是你可以在每天有空的时候练几分钟。比如在你上下学之后，或在午饭以后，或在休息的时候，每次只需5分到10分钟的时间就可以了。这样，就可以把练习的时间分散在自己一天的生活里面，所以弹钢琴就成了你日常生活中的一部分了。"

后来当麦都成了哥伦比亚大学教授的时候，他曾一度想兼职从事写作。可是学校的好多事情，包括上课、阅试卷、开会等事情，这些都把他白天晚上的时间全部占满了。在两年的时间里，他进行创作的计划没有执行，甚至连一个字都没有写。他总是想自己没有时间。就在这个时候，他突然间想起了当年格林·布鲁斯先生告诉他的话。

于是，当新的一周到来的时候，麦都就按照老师的话去做了。他每天只利用5分钟的时间写个100字左右或是短短几行的文字。可是让他没有想到的是，到周末的时候写得字数已经不少了。后来，他就把这个方法用在了小说创作上。虽然他的授课任务比较繁重，可是他每天仍有许多可以好好利用的空余时间。他还认为每天小小的间歇时间，对他从事创作和弹琴这两项工作来说已经足够了。

几分钟的业余时间都能创造出很大的价值，比如，可以利用上厕所的时间看一篇文章，利用坐公交的时间背十个英文单词，利用泡脚的时间总结一下自己一天的工作等。麦都的事例告诉我们，任何业余时间都不可不在乎，用得好的人，就像过龙门的鱼，奔向更广阔的天地，创造更喜人的成绩；用不好的人，就像一个圆规，总是走同样的路，永远脱离不了束缚，永远不能给自己一片更广阔的天空。

第二章

你的财富梦想在无奈的叹息中流产了吗

第二章
你的财富梦想在无奈的叹息中流产了吗

人的精力总是有限的，打工路上总是消耗了你太多的精力，在你被压榨的同时，不是你没有创业理想，往往是精力不够用，分身无术，你的财富梦想只能在自己的无奈叹息中流产，在毫无意义的打工生涯中过着半死不活的生活，浪费着自己的精力和青春，换不来一个成功的人生。

你的生活压力为什么会越来越大

你自己有好好想过吗，你每天的生活幸福吗？

在这样一个竞争压力极大的时代，到底有多少人曾经想过这样的问题，到底有多少人想过之后只能无奈地叹一口气。

当下，工作和学习压力越来越大，生活节奏也越来越快，人际关系也变得越来越复杂。除此之外，还有太多的娱乐，各种各样的诱惑，以及让我们很多人，特别是年轻人为之发愁的住房问题、物价问题等。

当我们面对这些的时候，你还敢对自己的生活有过多，过高的要求吗？越来越多的人只是想找到一份安稳的工作，为了能够给自己一个基本的生活保障，但是，即使是这样，大家也过得不轻松，不能说不快乐，但是幸福就很难说了。

随着社会经济的快速发展，我们不能否认，人们的生活水平越来越高，发生了翻天覆地的变化，可是，你有没有思考过，为什么你的生活压力会越来越大呢？为什么在生活中，总是会有各种各样的经济困难接二连三来到你的身边？

其实，导致上述问题的重要原因就是我们一直都缺乏合理、正确的规划。而在现如今的经济社会中，什么才是合理的、正确的规划呢？那就是理财。

当然，这里的理财，绝对不是我们通常所说的一种狭义的生意经、投资窍门，而是对我们人生财富的管理。

但是，理财绝对不是一件简单的事情，我们必须要进行学习。你早一天学习理财，你就能够早一天从巨大的生活压力当中解脱出来。

虽然，我们不能够完全把"理财"和"幸福"直接划上一个"="号，可是，相信没有人会否认，当你懂得理财，学会理财，摆脱了那么多沉重的经济负担之后，你就会与轻松、愉快、幸福的生活大大拉近距离。

俗话说得好，"人无远虑，必有近忧"。为了能够让我们一生都平安顺利，我们必须具备足够的危机意识。因为在现如今的社会当中，远虑近忧，各种各样的问题可以说一直都清晰地摆在每一个人的面前，而且各种各样的问题几乎没有断过。比如以下几大问题，相信让不少人为之发愁。

你买得起房子吗

当下，买房子的成本变得越来越高，相信我们加薪的速度已经远远落后于房价的增加了。而当你认真仔细计算之后，你就会发现，自己有可能需要不吃不喝二三十年才能够攒够买一套房子的钱。每当这个时候，你觉得自己的压力大吗？即使你选择了分期付款的方式来购买房子，可是每个月支付的贷款利息对于很多上班族来说，也是一笔很沉重的经济负担。

你为孩子准备足够的学费了吗

除了房子,现在教育的成本也变得越来越高了。虽然现在大学正在不断扩招,对于孩子而言考上大学容易,可是如果没有足够的钱,读大学也是非常困难的。再加上大学的学费也在不断地上涨,你目前的工薪能够供得起孩子上大学吗?如果你现在还不能够未雨绸缪,真正等到孩子上大学的那一天,你恐怕就要为孩子昂贵的学费心力交瘁了。

你想过自己的养老费吗

这一问题可能是很多年轻人从来都没有思考过的问题。如果你问他们,他们肯定会说,不是要有养老金吗,将来不是有退休金吗。可是,好好想一想,我们真的能够指望上退休金吗?

在过去,由于当时的利率、通胀等各种因索,退休金确实还可以让人们基本维持自己的生活水准。可是现如今已经不同了,物价正在逐年上涨,而按照现如今的状况进行分析,我们今天的年轻人等到退休的时候,所领到的退休金也就相当于维持相当于你现在薪水的三分之一多一点点。那么在这种情况下,你想象一下,依靠这样的退休金养老,自己也不会轻松。

你会不会面临"破产"的危险

现如今,如果是企业经营不善,没有办法偿还债务,可能就会申请破产,但是如果个人因为各种各样的原因,导致家庭或者是个人资产变成负数的时候,我们也可以说这个人是"破产"了。

那么,当你为了自己的财富梦想,当你再一次准备借钱开展业务的时候,当你再一次准备进军投资市场的时候,不知道你有没有想过,如果你还不懂理财，那么依旧会出现血本无归，倾家荡产的可能，让自己再一次成为破产一族。

其实，以上我们仅仅只是列举了4个方面的问题，但是，就是这4个问题，也足以让我们感受到了自己未来所面临的压力。

虽然形势严峻，但是我们也不要慌张，应对这些未来的危机，最好的办法就是学会理财。如果你想让自己的人生可以预防各种各样的危机，你从现在开始，一定要做好你人生当中不同阶段的理财规划。

打工，你得到的永远只是"零头"

有很多原本很有潜力，也最有可能成功的人，数年之后却还是一个普通人，这到底是为什么呢？一个关键的原因就在于他不舍得割舍现在。

很多人在职场上混了几年后，经验和积蓄都有了，按照常理他完全可以去开创一番事业，但是他并没有这么去做，就是因为他舍不得放弃自己现在所拥有的职位和薪资。也有很多人在职场上熬了好多年，可以说是"媳妇熬成了婆"，爬到一个中高层位置，薪水也上去了；在这个时候，要抛弃这一切，从头开始去搞事业，相信很多人是做不到的，因为他们想的是：我现在工资有一万多元，出去一分也没有，而且还有这么多年的年资，要走也是公司炒了我，把十几万元的年资赔给我。就这样整天守着那些瓶瓶罐罐，在自己的事业上始终迈不出一步；结果到四五十岁别人都已经功成名就、腰缠万贯的时候，你还在职场上面受人摆布，自然就没有了未来。

创业才能让你真正成功

在一家玩具集团公司的工程部，有一位产品开发经理，20世纪90

年代初毕业于著名的大学，专业是电子技术专业。刚开始的时候他在武汉一家研究所工作，但是由于工资太低，几年之后就跑来深圳发展，在这家玩具公司担任产品开发工程师。

由于出色的工作能力，第二年就升职为主管，第三年就升到了副经理，第五年就升成了正经理，在公司里传为佳话。因为在这种劳动力密集型企业里，升职往往是论资排辈的，十年能升到经理位置都算了不起了。

在同事们眼中，他简直就像坐火箭一样，破格升迁。而他也有感于老板的知遇之恩，对公司也非常忠诚，一心一意在公司效力了十多年。在这十年中，也有一些朋友或同学邀请他一起去创业，但他每次都委婉谢绝，因为他月薪上万，要他放弃眼前的一切去从零开始，他做不到。

有的时候，他看到一些还在创业的朋友经常连房租都交不起时，他心里还抱以嘲笑。但是后来的一件事让他改变了对自己的看法，一位之前邀请过他创业的同学路过深圳，约他相聚一下，他也欣然前往。但之前这位他还有点看不起的同学，竟然在十来年的时间里不知不觉中蜕变成了一家中型公司的老板，而自己却还是一家工厂里的经理，他猛然发现自己过去的路完全是错的。

在受到了这样的刺激之后，他开始想离开公司去开创自己的事业，但又不甘心自己十多年的年资就这样放弃，而公司感于他是一名人才，自然不肯裁员，于是已过四旬的他只能继续在公司里煎熬……

放弃稳定高收入的工作去创业

当你在职场上混到一个比较高的位置，获得一份比较高的薪水，这应该说是一件幸事，因为你已经具备了开创事业的基础，会有一个比较好的起点，如果此时想要去开创一份事业，你一定会比别人更成功。可是如果你舍不得这个位置和这份待遇，那你的一生就过早地停在了顶峰，也只可能维持在这个水准，是难以再有什么成功的。

相反，一些原本起点很低的人，他们不甘于现状，于是立即抛却现在，却走出了一条新的道路。虽然创业过程中他会遭遇无数的困难，但他们却常常成了最后的成功者。

一个人只有敢于割舍现在，才能拥有一个广阔的未来。现在刚取得一些小小的成就，只不过是对你过去工作的肯定，如果你由此而抱着一种优越感，满足于现状，那你的人生将不会再有多大的突破，每天只是为了保护既得的利益。

一个人如果过早地失去了进取心，那么他也就过早地给自己的人生定下了基调，一辈子就停留在这水平上。这也是许多原本处在一个较高起点上的人却最终平平凡凡的根源所在。而成功人士的秘诀就是多走了一步，放弃眼前的利益而去追求一个更大的发展空间，虽然暂时会失去一些利益，但他们却是最后的大赢家。

记得金庸的名著《天龙八部》中描述了一个精彩的片段：逍遥派掌门人无崖子为了寻找一位继承人，而让徒弟在摇鼓山布了一个珍珑棋局，请天下才俊前来破棋，就连城府颇深的慕容复也在对弈中因无路可走而险些拔剑自杀。但看似傻傻的虚竹在下棋的时候，竟然先下死自己一片棋，从而腾出了一片空间，最后大获全胜。割舍眼前的利益，就是为了给自己未来的发展腾出一片空间，进而开创一个宽阔的未来！

没有不想创业的人，只有无奈的打工路

谁掌握了游戏规则，谁就能够成为最后的赢家。在职场中，是谁在制定规则呢？当然是企业。我们要知道，就业就是在别人制定的规则下！或许有些人对职场的规则还没有什么概念，认为自己付出劳动，企业支付工资，一切都是非常公平的。其实在这表象的背后，你所有的一切都是由企业掌握的，你没有任何的话语权，一切都是在别人的主导下

默默遵守着游戏的规则。

职场中存在太多不如意

比如说，你原本非常擅长某一方面，但是企业在招聘和用人时，采用的是"因岗设才"，公司哪个岗位缺人，它就用这个岗位去招聘，而你作为求职者，如果想要加盟这家公司，你就必须放弃自己的特长、爱好去从事一份自己不乐意的工作。在工作过程中，你能力再强，但你每天的工作都是由上司去分配的，像风筝一样，永远被别人用线牵引着，不会让你自由发挥。你平时做的工作很多，业绩也比较出色，但你并不能获得一份与你的能力相匹配的工资，因为你的工资是由公司的水准和你的职位来决定的……职场中存在太多让你不如意的地方，就是因为规则由别人来制定，而你则必须无条件接受。

曾经有一位大学高才生，2006年毕业后去深圳找工作，面试了很多企业，都被拒之门外，因为面试他的主考官一般都是他未来的直属上司，对方一看到他的学历背景，就深感压力，于是婉言谢绝。

当时又正值金融危机，万般无奈下，他只好加盟一家玩具企业，担任公司的培训主任，月薪2500元，每天的工作就是给新入职员工做一些简单的培训，讲解公司的概况、纪律等，简单重复、枯燥无味。

无奈之下他向公司申请换份工作，但是屡屡碰壁。于是他想试图通过努力工作来获得公司的认可，后来他开始发挥自己的才智，把公司的培训体系建立起来，并兼管了公司杂志的编写工作。他认为自己为公司作出了很大贡献，期望公司能给他升职加薪，但两年过去了，他依然停留在主管位置上，薪水依然不到3000元。他找上司倾诉自己的不满，但对方的回答是：我知道你是一个人才，但我们公司升职是论资排辈的，你才来两年，在公司熬了七八年的大有人在，他们都还没有升职呢！工资每个员工都是每年增长5%，你也不能例外！

能力和业绩并不是升职加薪的决定性因素

有的人认为只要自己能力强、业绩出色就能博得公司的认可，自然就会有升职加薪的机会。其实这不过是你一厢情愿的想法罢了。能力和业绩并不是升职加薪的决定性因素，有时能力越强，越拼命表现，反而对自己更为不利；因为你的能力成了上司的威胁；你的拼命表现会被同事认为是一种作秀，甚至被视为阻碍他们升迁的绊脚石，结果大家都把矛头指向你。上司也因对你的提防和反感，而把你晾于一旁，让你去坐冷板凳。这也是许多人自认为很有激情、很有才华，却英雄无用武之地的根源之一。为什么在职场上那么郁郁寡欢，难以施展自己？就是因为规则掌握在别人手里，你要在公司待下去，就必须在别人规定的规则下按部就班。

有一位久经职场的人士，在一家电子厂的品质系统部一做就是10年，公司许多质量体系都是在他手里建立起来的，可谓给公司立下过汗马功劳。但令人难以置信的是，他一直停留在主管的位置上长达6年之久，多年来他没有升过一级。每次部门有重大任务时，上面都点名由他去完成，每次他都抱着希望：这次完成任务后，公司总该升我了吧！但遗憾的是，每年年初公司的升职名单中都没有他的名字。气愤之下，他跑去人力资源部查原因，结果发现他部门的领导根本就没有报过他的名字上去，又何来升迁呢？于是失望之余，他选择了辞职，利用自己多年的实战经验，去注册了一家培训公司，专门为企业从事质量体系管理方面的培训，结果做得非常成功，而且一切都由他自己来主导，感觉非常惬意。他后来有感触地说："早就该跳出来了，现在就是让我去企业里做高层我也不愿意！"

在别人制定的规则下工作，你很难有施展自己才能的空间，就像圈养在水池里的鱼一样，只能在一个狭小的空间里游荡，永远也长不大。唯独你自己制定规则，你才能像鱼入大海一样，有一片自己的天地，能够按照自己的意愿去做自己想做的事，去实现自己的梦想；也只有这样，你才能取得你想要的成功。而这制定规则，就需要你脱离职场，去创立自己的事业，在你自己的天空里，你就能掌控游戏的规则！

投资理财不能急于求成

"80后"是充满激情朝气的一代，也是被宠的一代。无论你是"富二代"还是"贫二代"，理财都将是影响你一生幸福和成功的关键。而成功理财的前提，则首先要拥有一个平和的理财心态。

做好承担风险的准备

打算投资，就一定要做好承担风险的准备。现在市面上储蓄、国债、保险、基金、股票等金融投资产品可以说琳琅满目，但没有一项是绝对安全的。其中基金、股票涨跌自然不用多解释，即便是看来"非常安全"的银行储蓄，也存在利息增值不如消费指数涨幅的风险。投资理财是一个长期持续的过程，财富的增长也非一蹴而就。因此，无论何时不能急于求成，要以平和的心态去面对。

投资理财时，首先要充分了解自己所需，设定理财目标。不同的个人、不同的家庭，在不同的人生阶段、财务状况和风险承受能力上都是不尽相同的。因此，投资理财一定要在对个人和家庭情况充分了解的基础上，根据需求设定短期、中期和长期三种理财目标，合理配置资金，选择适合的投资理财产品。例如对于广大"80后"来说，我们的理财目标可能是购置房产，等到结婚生子后则需要开始为孩子筹备教育经费，而步入中年后就要为保障退休生活而理财了。

创业者除了充分了解自己的风险承受能力、财务状况和理财目标外，还应对投资环境有足够多的了解。正所谓"知己知彼，百战不殆。"一般来说，投资大环境与宏观经济环境、政治环境等息息相关：经济衰退，股市萎缩，股价下跌；反之，经济复苏，股市繁荣，股价上涨。创业者在充分认清大环境的前提下去投资，就可以避免逆势操作。

了解大的投资环境

了解大环境的途径有很多，例如创业者可以通过报章及互联网了解经济动态、最新政策以及股市变化；通过阅读金融机构发布的研究报告或参加金融机构举办的研讨会，获得具有参考价值的数据和观点；或通过上市公司的年报了解公司表现、财政状况及未来发展计划。了解了这些以后，创业者就可以根据市况的变化及时调整投资组合，以提高投资效益。

在此提醒大家注意，了解大市况的时候千万不能听信小道消息，相信很多创业者都喜欢打探小道消息，对某些有炒作题材的股票进行投机，妄想着一夜时间赚个盆满钵满。但投资和投机是不同的，投资属于成功的投机，而投机却是不成功的投资。投资的本质即通过对影响投资的经济因素、政治因素、行业发展前景、上市公司的经营业绩、财务状况等要素进行分析，以公司成长性、未来发展潜力为关注重点，进而判定资产内在投资价值。投资的真谛即通过分析资产基本面来评估资产内在价值，同时通过比较价格和内在价值发现投资市场价低于内在价值的潜力资产，进而获得超过基准指数增长率的超额利益。通常情况下，投资是有底限的，只有认清投资真谛，才能避免亏得血本无归，而投机能够将投入的财产全部亏损，甚至会赔钱。

"谦虚使人进步，兼听则明"的人生态度用在投资理财上同样适用。投资体现的是一个集体智慧的工作，而真理往往掌握在大多数人的手里。因此，在做每个项目的决策时，除了自己要有成熟的想法和投资逻辑以外，还要抱有一种虚心求学的心态，参照集体的智慧和判断。

投资理财的过程中，最忌讳急于求成的心态。比如，有的股民常常将股票投资和赌博联系在一起，怀揣赌博的心态参与证券投资。这些股民总是想着如何能一朝发迹，常常妄想在买卖一次或几次股票后变为百万富翁。等到他们在股市投资中获取利益后，多半会被盈利冲昏头脑，丧失理智，之后就会如同赌棍那样频频加注，恨不得将自己的身家性命押到股市上；反之，一旦他们在股市失利，通常就会输红双眼，不惜背水一战，将全部资金投注到股票上。对于这种急于求成的股民来说，通常只会面对倾家荡产的结局。股市投资的显著特点为高风险、高收益，如果创业者一直用这样的心态购买股票，获利就非常难了，还可能被股市之高风险击败。

因此，在投资理财过程中要时刻保持清醒的头脑，不要急于求成，如果乱了心态，往往操作行为会反其道而行之，保持一颗平常心很重要。

哪几类人创业失败的概率最大

"80后"人群随着自主创业的比例越来越大，创业失败的比例也在逐渐增高。据有关统计，在发达国家，每年都有上百万家新企业诞生，35%的新企业在当年就失败了，活过五年的只有30%，生存十年的仅为10%。在我国，创业失败的数据同样严峻。该统计结果显示，国内创业企业每100家企业中只有20家到30家可以熬过1年，而熬过3年的企业只占这其中的30%，至于如今流行的大学生创业，成功率更是低至2%~3%。

创业为何如此艰难

究其原因，主要有以下10种可能：

1. 价值取向固化，改变固有思维很困难，也许你在之前的工作岗位上形成的价值取向固化有利于职业化发展，但是这对创业是极大的障碍，很难打碎重塑价值取向；

2. 源动力不同，有些创业者的源动力为事业而非为生存，生存会破釜沉舟，为事业发展动力将大打折扣；

3. 给自己留有太多退路，创业过程中困难重重，有些创业者遇到困难就想逃，心理上暗示自己时刻想溜；

4. 机会太多，面临诱惑太多，选择出来创业的人多数在原来的单位干得风生水起，广泛的社会资源关系会带来很多机会和诱惑，于是往往心猿意马，朝三暮四；

5. 时间分散、精力不集中，人的时间和精力都是有限的，分散了平均用力，往往什么事情都干不成；

6. 管理能力强、经营能力弱；

7. 社会约束太多，干事情缩手缩脚；

8. 见多识广，高不成低不就，找不到切入点，看到西瓜没工具切开，又不想弯腰捡芝麻；

9. 抗风险的能力低，赢得起，输不起；

10. 由于我国市场化程度还较低，创业教育几乎是空白，"80后"年轻创业者在创业时缺乏创业的知识和技能，从而导致创业失败。

什么样的人创业最容易失败

1. 冲动型创业者，这类创业者未经过认真思考，便心血来潮地开始创业行动，要时刻谨记：创业需要的是激情而不是冲动。

2. "红眼"型创业者，这类创业者看别人经营某项生意赚了钱，认为自己干也能赚钱，于是也不考虑自身条件或时机是否成熟，就执意模仿和跟风。

3. 宽泛型创业者，这类创业者在事业起步之初就同时操作很多项目，或者经营很多产品，但却没有一个核心项目或核心产品，做市场时也不讲策略而四面出击。

4. 自恋式创业者，这类创业者往往认为自己生产的产品和提供的服务是最好的，忘了强中更有强中手的古训。

5. 超限型创业者，这类创业者在创业时超出了自己能力所及，包括资金能力、资源调度能力等，或违背国家政策，如在国家限制或不鼓励的产业领域搞经营。

6. 懒惰型创业者，这类创业者做的是"坐商"而不努力做"行商"，主动开展业务及拓展市场的意识弱，或者仅凭广告等待业务的到来。

7. 完美型创业者，这类创业者凡事都追求完美，却不知完美也需要成本。他们过分注重公司基础建设，总想一鸣惊人，却导致蓄势周期过长。

8. 依赖型创业者，这类创业者不具备主营业务拓展能力，过度依赖他人。

9. 情绪型创业者，这类创业者的情绪经常变化较大，人喜人悲，从而影响了工作气氛与战斗力，或常被眼前的幻景或表象而迷惑。

10. 短视型创业者，这类创业者的目光短浅、行为短期，总是看着眼前的蝇头小利，甚至搞一些欺骗合作伙伴、客户以及员工的小伎俩，殊不知"小胜靠智，大胜靠德"。

所以，在此提醒准备创业的人士，千万不可盲从，凡事要想清楚，把目光放长远些，对于已经下定决心去创业的项目要有足够的信心和耐性，努力去将其完善，只有这样，才可以最大限度地降低创业失败的几率。

不做不符合自己标准的投资

创业者不可能全面地把握每一支股票的详细情况，因为我们没有深入其中的精力，并且每个人的能力和智慧有限，人毕竟不是机器，那么，这时候，就需要创业者有一定的偏向。

著名的投资大师索罗斯早期的投资也并不是一帆风顺的。索罗斯在刚到华尔街创业时，并没有自己的投资标准，所以总是陷入市场的圈套中，也会经常听从一些经验丰富的前辈的意见，但是都以失败告终。就是这样的一段经历，让索罗斯明白了一个道理。索罗斯认为：投资的时候有一定的方法，那就是适合自己的方法。对于那些不适合自己的投资，即使它的诱惑力再大，也绝不要去投资，因为那样只会让自己血本无归。

再说一下著名投资商巴菲特，16年来一直持有可口可乐股票，投资收益率为681.3%，虽然可口可乐的业绩出现过下滑，可巴菲特坚信他对可口可乐长期强大竞争优势的判断，不将股票一时涨跌作为持有或卖出的标准。巴菲特之所以这样看好可口可乐股票，主要是因为他对可口可乐公司非常了解，知道它是符合自己标准的投资：首先，它是个长期稳定性产业；其次，它是所选产业中具有突出竞争优势的企业；最后，在优势公司之中，它比其他公司更优，它的竞争优势有长期可持续性。

索罗斯和巴菲特的经历告诫创业者，想要确立符合自己的投资对象，就要做到以下几点：

1.投资要从自己所熟悉的公司入手。在投资时，我们一定要选择自己所熟悉的公司，若是我们面对的公司是我们自己所熟悉的领域，这样就可以获得大量的信息。当然，创业者也不可能完全地把握每一支股票的情况，这是因为我们的经历和智慧都是有限的。索罗斯常常会偏向于投资那些经济波动较大的国家，但是，市场是变化多端的，因此索罗斯的投资方法也会随着市场的变化而变化。在一般的情况下，创业者进行投资前会看哪一个行业的收益最高，然后再进行深入的研究，最后就会寻找出符合自己投资的公司。

2. 培养对目标公司认知的能力。创业者在进行投资前，一定要对投资对象有一个比较清晰的认识。但是怎样认识这些公司呢？这就需要创业者在平时积累一些认识的能力来进行判断。例如，创业者想要投资某一个公司，既可通过一些手段来判断这个公司的股票的内在价值，还可以通过市场来进行综合的考察，判断出这个公司的销售业绩怎么样，再有就是看看这个公司的盈利能力是怎样的。

3. 把握投资的安全和避免损失。即使投资目标是创业者所熟悉的，也要谨慎地避免社会带来的风险。市场并不是一成不变的，他随时随地都在发生着变化。有的时候，上一分钟还是属于你自己的投资，也许下一分钟就会变成对你不利的投资。寻找符合自己标准的投资，是创业者投资素质的体现。若是选择那些不符合自己的投资，那胜算可谓是非常渺小的。

但是，不管市场如何变化，总会存在着符合创业者的投资。索罗斯认为，想要减少自己的投资风险，就要遵循以下的原则：一是在选择股票时一定不要选那些热门的股票，而是要多多关注冷门的股票；二是关注那些收入稳定，但是增长较慢的企业，避免那些增长较快，复杂多变的企业；三是要多多地关注那些技术型的公司，避免那些高科技的公司；四是关注那些竞争对手少的公司，回避那些竞争对手多的公司；五是关注那些公司和公司的职员有回购股票行为的公司。

索罗斯说，若是根据情况的变化，那些自己所持有的股票已不再是自己所符合的投资时，他就会将这些股票卖掉。索罗斯认为，运用自己的标准来衡量股票的企业质量，在企业的经济发生变化时，就会陷入一个迷失了方向的经济状况，企业就会失去在市场上的立足点。这种时候，企业的股票也不会再上涨，所以，要果断地卖掉。

索罗斯在投资中，只坚信一点，那就是要么就不投资，要么就投符合自己标准的公司。只要是投资市场没有符合自己标准的投资，他就会选择等待，等到出现了符合自己投资标准的公司，他就会毫不犹豫地进行投资。巴菲特的投资也是如此，没有把握，不符合自己的投资标准，他宁愿不投资。对于我们这些普通的投资者来说也是如此。

最赚钱的性格是什么

美国某调查机构曾经公布过一组数据。在对待一项新的交易时：

其中80%都要在给同一个对象打了第五次电话后才能谈成。

有48%的销售员在打了第一次电话后就失去了一个顾客源。

有25%的人在打第二次电话后就放弃了。

有12%的销售业务代表在打第三次电话以后放弃。

有10%的人继续打电话，直到成功为止。

而这10%的人正是美国收入最多的一部分人士，与一些名人、公司主管和专业人士并驾齐驱。

由此可见，最赚钱的性格正是执著。执著的性格带来乐观的自信、每天的努力和不懈的坚持。成功离不开执着，执着引领成功。

何为执着？字典中的解释为专注于某一项事情而坚持不懈。执着表现在各个领域、各个行业、各类人员身上。执着是种选定正确目标后锲而不舍的奋斗精神，是种促进事业成功的豪气雄风，是种坚韧不拔的顽强意志，是种人生必备的高尚品质。

"80后"非常熟悉的武侠小说代表作家金庸先生，在31岁时完成了自己的第一部武侠小说《书剑恩仇录》，35岁创办了自己的报纸。金庸先生手握"两支笔"，一支笔写武侠，开创江湖，纵横天下，一支笔纵论时局,享誉香江,为文可以风行一世,为商可以富比陶朱,为政可以参国论要。更被人们称道的是,已年近80岁的金庸与太太一起离开香港,远赴英国剑桥大学读博。金庸一生的传奇,可谓多姿多彩,文人数千年的梦想,似乎全部在他身上实现。之所以能取得如此的成绩,与金庸先生始终怀有一颗不老且执着的追求之心是分不开的。

可以说,执着是成功者出发的集结号,是促进成功的助推剂,是获取成功的至胜瑰宝,是赚大钱的必备要素。"80后"要想成功创业,一定要时时刻刻培养自己的执着性格,与此同时,还要去除一些影响自己"前途"和"钱途"的不良性格。这些不良性格主要包括:

1. 经常抱怨。有些人从来看不到事情的一体两面,也不会衡量好处与坏处,眼里只会看到不好的一面。例如经常抱怨就业市场不公平,抱怨定存利率太低,抱怨投资有风险等。这类人没有掌控全局的能力,却总是埋怨环境不好。因此遇到陌生的新事物,则是什么都不好,什么都不用了解。最后,这类人也没有什么机会。

2. 犹豫不决。犹豫不决的原因很多,部分是因为知识不足,大部分则是因为心理因素。基金市场经常有人为了等待汇率差个两三分,而眼睁睁地看市场大涨。市场上涨不敢买,市场下跌不敢卖,等到自己想动的时候,就是赔钱的时候了。

3. 胆小怕事。与"经常抱怨"不同,胆小怕事者总认为大小灾难即将发生,听说股市即将大跌,听说油价还要大涨。我不敢创业,万一我急需用钱怎么办?万一我不挣钱怎么办?

4. 贪小便宜。我国有句古话"贪小便宜,吃大亏",投资同样如此。例如市场上有两支类似的基金,一只基金绩效好,操盘技术高明,但费用高;另一只基金绩效较差,但什么费用都便宜,通常贪小便宜者会觉得"反正两支基金差不多,买便宜的比较划算"。拥有这种性格者,通常无法致富。

负债莫担心，用在关键处

现在越来越多的人开始羡慕西方人的生活方式，因为他们可以贷款，用未来的钱为自己现在的消费买单，可是在中国却不能这样，原因其实非常简单，就是我们的住房、教育、医疗等这些与生活息息相关的领域价钱是只涨不跌，所以让我们这些老百姓也不敢大手大脚地花钱，不然最后家人住不起房子，孩子上不起学，生病住不起院。

中国人是非常崇尚传统观念的，而在中国自古就有"由俭入奢易，由奢入俭难"的古训。当然了，在现在生活水平不断提高的社会，我们的生活可以说是一天一个样，而人的欲望又是无限的，所以我们应该提倡一点节俭意识。

可是现在人们的想法越来越超前，当你从选择缩减消费和提高现有生活水平，让自己生活得更好两者中选择一种的话，你肯定也会毫不犹豫地选择后者。因为我们谁不希望有更大的房子，有漂亮的汽车呢？

超前消费

对于这样的消费心态，学术界的专家们告诉我们这叫"超前消费"，而且还给我们举出了很多不利结果。

是的，专家的这些观点是没有错的，超前消费可能会给我们的生活带来一些不良的结果，但是前提是我们没有合理进行超前消费。其实超前消费并不可怕，只要我们消费合理，往往超前消费会让我们的生活更轻松。

很多人口中天天就是节俭，他们把节俭看成就像小说《吝啬鬼》当中的葛朗台一样，这样就大错特错了。

第二章
你的财富梦想在无奈的叹息中流产了吗

让我们来看看世界首富比尔·盖茨吧，很多人都说比尔·盖茨举止投足之间是那么让人着迷，当然了比尔·盖茨除了外表迷人之外，把大家真正迷倒的恐怕要算是他独特的金钱观。对于消费，比尔·盖茨先生曾经做过一个非常有趣的比喻："消费就好像是炒菜，一定要恰到好处。如果把盐放少了，菜肯定就会变得没有味道了；可是如果把盐放多了，那么我们怎么还能吃下这道菜？"

超前消费不单纯是生活的态度，更是生活的智慧。所以你要想成为生活中的智者，就要有一个平和的心态，懂得超前消费并不可怕，适当地借用别人的钱为自己生钱也不是不可。

我们现在经常听"道高一尺，魔高一丈"这句话，是的，现在的商家越来越聪明了，他们就好像是咱们肚子里面的蛔虫，把我们的想法了解得那个明确，一下子就抓住了我们贪图便宜的心思，推出了琳琅满目的各种促销活动。

结果很多平时不主张超前消费的人，却没能拥有一双火眼金睛看出商家的伎俩，最后上当受骗，不仅没有省下钱来，看上去自己好像捡了便宜一样买了很多东西，可是回头一看，大部分自己都用不到。

就在不久之前，唐蒙一不小心就掉进了商家的"陷阱"里。唐蒙办了一张信用卡，结果听说刷信用卡可以获得额外积分，而且积分还可以换礼品，所以唐蒙很高兴。当时按照规定，只要每个月信用卡的消费金额比头一个月高1000元就可以获赠一套价值500元的名牌化妆品。

结果唐蒙一看见这套化妆品刚好是自己需要的，就毫不犹豫地花掉了2000元，获得了这套化妆品，可是到头来一想为了这套仅仅是500元的化妆品，自己多花了2000元，到底值不值呢？

省钱不是没面子

现在还有的人总是觉得省钱是一件非常没面子的事情，其实省钱和负债消费并不矛盾。省钱就好像是我们把一个房间里面的各种垃圾扫到一起，把零碎的钱集中到一起一样，这往小了说算是为我们个人积累财富，往大了说就算是为国家节约资源做贡献。

当然现在也有一句非常流行的话："钱不是省出来的"，而且我们也明白理财，理财，前提是有财可理的道理。

当问你如何才能有财可理的时候，你可能会说出很多答案，比如："我天天努力工作，工作赚钱"，"我可以做生意，赚一大笔钱"，甚至是"我可以买彩票，中五百万的大奖"。不可否认这些都是来钱之道，可是我们也可以通过贷款，向朋友借钱等方式，利用别人的钱为我们办事。

但是人都是有劣根性的，就好像英国著名的历史学家巴金森提出的巴金森定律一样："你赚的越多，花的也越多，到最后你身上不仅钱不会多，反而离理财越来越遥远。"所以，生活的智者就懂得如何把钱用在关键之处，特别是负债，本身就是我们心头的一把刀，为此"宝刀"更应该用在刀刃上。

不知道你有没有观察身边的一些人，他们的行为会让你觉得很奇怪，为了一点"小钱"，比如说购买价值几十元、几百元的东西，会听听朋友的意见，做到货比三家，最后来一个精明消费。

可是对于那些花钱比较大的消费，人们往往都是特立独行，好像是学会了四川变脸，一下子就从谨慎花钱变成大手大脚花钱了。特别是在投资上面，听到一点风吹草动屁股底下就好像长了刺，再也坐不住了，凭着小道消息就会把少则几万，多则几百万的钱投入其中，结果最后自己这些钱扔到了水里，可是自己连个响都没有听到。

如果这些钱都是自己的，除了心疼后悔之外也就罢了。可是如果这些钱是你借来的债款，那么你又该如何呢？

当我们静下心来细细想想，我们之所以会借钱，肯定是由于我们有急用，没有钱才去借钱的。可是为什么当我们一拿到这些钱，就没有了当初的稳重与谨慎呢？没有了当初计划好的方案，能够把钱花到刀刃上，按计划存钱、还钱。而是开始变得随意起来，把负债看成了一种"天下掉下来的馅饼"进行挥霍，最后把自己逼得走上了一条"越没钱越借钱,越借钱越还不起钱"的无限循环道路。

所以越是债款,我们用起来更应该谨慎,更应该用在关键的地方,不然最后我们不仅用负债赚不到钱,反而还会失去更多的钱。

那我们应该怎么去省钱呢?这里有几个小方法:

1. 记账:这是一个看似零碎的习惯,但它能够帮你解决每月金钱流向,同时借此检视是否有不必要的开销,帮你省下一笔钱。有时候,你会由于懒得记账而放弃压下购买欲望。不过,这里强调的并不是遏制消费,而是有意识地规划财务。

2. 家庭聚餐代替饭馆吃饭:很多人在聚餐的时候会选择在餐馆,不但消费了大量金钱,宾主也都未能尽兴。实际上,家庭温暖才是人心底里最想得到的东西,邀请朋友到家中做客,不但体现出主人对客人的尊重,同时营造出了亲密、融洽的气氛,当然,也省了不少钱。

3. 团购、代购:大到买房,小到买砖,团购不仅可以争取更多价值,还能够通过咨询服务帮助自己选择性价比更高的产品,少走很多弯路。

经济危机时创业,成功的几率更大

市场上无时无刻不存在着危机,然而,同时伴随着危机而来的还有很高的收益。索罗斯认为,能够在危机中创造收益的创业者才是聪明的创业者。

风险中创造收益是明智的选择

作为一个创业者,就应该学会在混乱中创造利益,在危机中增加收入。而索罗斯也正是擅长在危机中创造收益。全球爆发经济危机的时候,很多国家的很多企业都受到了波及,但是索罗斯却在这次经济危机中获得了不少的收益，这也正是体现了索罗斯那种危中求安的本事。

索罗斯认为，危机是不可避免的，但是却是可以应对的。以正确的方法应对危机，这样就可以将危机转化成为利益的工具。在危机中求生存，也是创业者的一种本能。

索罗斯身为犹太人，从小就跟父母过着流亡的生活，也正是因为这样，才培养了索罗斯敢于冒险的精神。一个从小就生活在危机中的人，长大后又怎么会畏惧危机呢？在危机中生存，是索罗斯从小就学过的知识。

索罗斯面对危机从来不会手忙脚乱，相反地，他会很好地利用这次危机，让这次危机成为自己赚钱的工具。索罗斯从容淡定地面对每一次危机，也终究战胜了每一次危机。索罗斯指出，危机，对于一些人来说是灾难，但是对于一些人来说，是一次很好的赚钱机会。在危机之中发掘利益，这才是作为一名创业者应该做的。

作为普通人的我们也是如此，虽然在面对危机的时候我们难免会恐惧，但绝对不能因为恐惧而退缩，只有保持清醒的头脑，找出适合的方法去应对危机，危机才能变为转机，我们才可在危机之中求生存、求利益。

从容面对危机

有些创业者，面对危机只会逃避，并不能从容地面对。在危机四伏的金融市场，逃避并不是最好的选择。危机可谓是无处不在，逃避也不能完全地将危机躲避过去。所以，一味地逃避不如勇敢地面对危机，接受挑战，也许会有意想不到的收获。

应对危机的方法有很多种。而敏锐的观察力和洞悉力是非常重要的。身在市场就要熟悉市场的变化，因为一些微小的变化就很可能会引起金融危机。若是提前观察市场，将市场的一些变化掌握在手中，就会知道市场上的大体变化，并且能够推断出这些变化的影响，这样就可以提前预防。

想要在市场上长久地生存下去，就要始终对市场进行严密的监视。

第二章
你的财富梦想在无奈的叹息中流产了吗

市场是非常不稳定的,也许只是小小的一个波动,就会引起市场上翻天覆地的变化,因而就会造成市场的动乱。混乱的市场会成就两种创业者,一种就是被市场波及,成为市场的牺牲者;一种就是在混乱中创造收益的创业者。索罗斯很显然是属于后一种。索罗斯指出,在市场上创造收益最有利的时机就是在市场发生动乱的时候。在动乱中,大部分创业者都会失去方寸,头脑也会不很清楚。这时候,只要是将自己的思绪稳定好,并且能够存在理智的创业者,就是赢家。

赢取利益,就要看时机,并且要赢得先机,这样才能够在市场的混乱中赚取利润。

市场上存在着复杂的变化,正是因为这些变化,才让很多的创业者束手无措。但是聪明的人,就会利用市场的变化,来获得很高的利润。索罗斯就是这样的聪明人。但是索罗斯是怎样做到的呢?

这是因为索罗斯在投资前,首先要做的事情就是观察市场,他认为只有将市场观察好了,才能够将自己的投资放心地投入到市场中去。创业者想要确定自己的投资是否是正确的,首先要做的事情就是要观察市场。市场观察好了,才能够保证自己的投资能够成功。

再有就是索罗斯的每一次投资都是经过详细分析的。索罗斯认为,投资就是要有分析的精神。要勤动脑筋,开发自己的智商,将自己的灵活的头脑充分地应用到投资中去,这样的投资才能够凸显出创业者的高超的技能,同时也能够保证自己的投资万无一失。

索罗斯就是这样投资的,他能够将别人看成是危机的投资用在赚钱的方法上,这正是一个聪明的创业者的看法。在慌乱中创造投资的机会,这就是一个创业者的聪明才智的体现。

对于我们这些普通人也是如此,要知道,慌乱对于事情的应对毫无益处。事情本来就已经很难应对,让人觉得前路迷茫,若此时再慌乱不堪,事情就无法顺利解决了。如果你能在慌乱之中保持清醒的意识,从容地面对危机,找出扭转危机的方法,可能还能在逆境之中寻求到投资获利的机会。

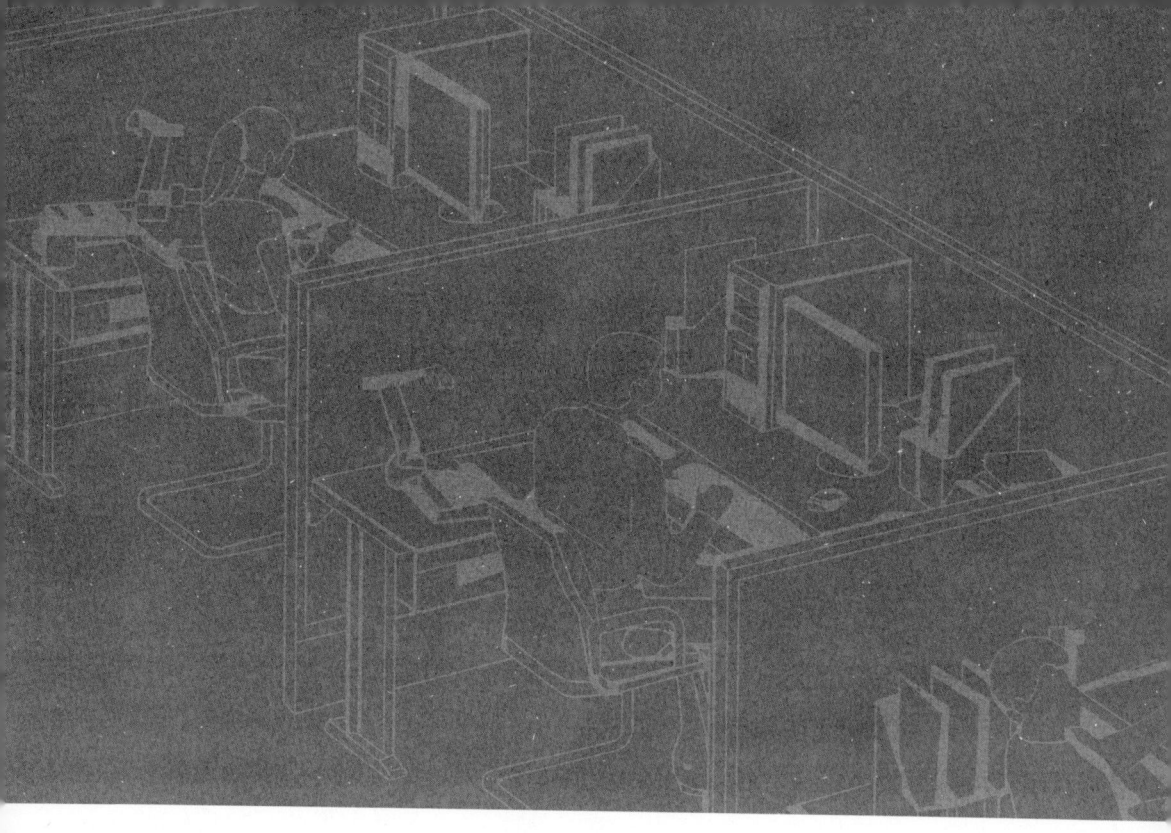

第三章

储钱罐里的"财富经"

第三章
储钱罐里的"财富经"

很多人都知道"你不理财，财不理你"，理财可谓是一门人人必学的学问，特别是打工一族，对着自己的那点微薄的收入只能"斤斤计较"，详细认真地做好每一项理财计划，可以给自己今后的发展积累点资金，甚至可以通过完美的理财计划为自己带来第一桶金，实现自己的财富梦想。

金钱是一种思想，不能光用眼睛看

人人都很羡慕成功者，人人也都想取得成功。可是，究竟如何才能学到成功人士的经验和他们思考问题的方式，这对我们有着非常重要的意义。倘若我们怀着一颗致富的梦想，去向富人的思维习惯渐渐靠拢，而且能抓住他们和常人的不同之处，这就渐渐缩短了我们同富人的差距。

向成功的人学习

从富人身上取经，能让我们直接学到很多对自己的人生有帮助的东西。我们不但要学习他们成功的经验，同时也要学习他们的奋斗精神，最为重要的就是我们要从他们那里认识到如何给自己树立一个合理的目标，如何在日常生活和工作中把握机遇。

我们换个角度来说，个人财富的多少其实都是由财富以外的因素所决定的，我们向富人取经的重点不是把自己的目光放在人家的钱袋子上，而是要抓住他们日常生活中的一点一滴，不放过任何细小的东西。这样做就能逐渐缩小我们和富人之间的行事作风的差距，从而也就渐渐将我们与富人之间的财富差距缩小了。当我们具备了富人所拥有的宝贵品质时，走上富裕的道路也就不会太遥远了。所以我们就要从现在起，用富人的思维来要求自己，对身边的那些很不起眼的小事，也要以富人的眼光去看待。

看看富人的财富思想

通常，富人都很热衷于储蓄。就这样积少成多。然后把这些储蓄的钱拿出来做投资，用钱赚钱，他们的钱就会越来越多。曾经有位身价上亿元的富豪向自己的朋友抱怨说："我想了很久，还是想不起来我那100块钱到底是丢到什么地方去了？"这句话并不是说富人吝啬，而说明了富人非常珍惜自己手上的每一元钱，因为他们很清楚自己的这些财富都是一点点积累起来的，所以他们虽然很有钱，但一定不会随意浪费。

研究表明，富人在工作上要比一般人努力好多，有70%的富人表示自己一周的工作时间都超过了40个小时。看，富人对自己的工作都这么努力，更何况我们一般人呢？

富人与我们一般人的另一个不同点就是他们都非常擅长理财。国内的调查机构曾经对富人理财规划的时间做了一次调查。结果发现，富人在理财规划方面投入的时间要比一般人高出许多，绝大多数富人每周至少有四小时的时间花在了理财上，有的甚至达到了十几个小时。

有位成功人士曾经说："人如果学会了花钱，这时想要控制住自己享受的欲望就会很困难。当然会花钱并不是什么坏事，这最起码说明我们懂得怎样去享受生活。但是如果不想办法赚钱可不行，特别是当我们已经进入到富人的行列中时，才发现，原来富人们的生活并不像我以前想象中那样奢侈，在我接触到的绝大多数富翁中，他们中有的人资产是我的好几倍,可是他们花费每一笔钱的目的都是非常明确的。"

有一个叫邓磊的富人,他每次在印刷自己名片的时候都有一个很特殊的要求:每张名片只印一面,另一面则完全空白。他这样的做法让很多人都感到很不理解。原来他的用意是这样的:由于名片的一面空白,所以当这位富人在与别人交换时可以方便地在名片背面写一些信息。这种做法就相当于把一张小小的名片变成了一页广告,就会为自己带来很多商机;从另一方面来说,富人平时很喜欢看报纸,他不是像绝大多数人一样先看新闻,而是先从分类广告这个栏目看起。因为这里往往是商业灵感的源泉。在我们看来,这些都是非常细小的生活细节,但其中却蕴含了不小的智慧。

而我们千万不要小看了生活中的那些小细节,很多时候就是细节能成就一个人的事业。

曾经有一位白手起家的创业者,他想把自己的创意融入到玩具产品里,图纸都设计好了,就是寻找不到合作的厂商。这让他感到很纳闷。一次无意中看报纸的时候,他找到了几家生产厂家。好不容易找到的机会,他怎么舍得放过。于是就立刻打电话联系厂家了。结果竟然真的有厂家愿意接他的活。这是一家小工厂,很久以来他们的生意都很冷清。厂长在电话里说只要有一点利润就可以了。于是,这笔生意的成功为他获得了人生第一桶金。后来,在他不断努力下,终于走入了富人的行列。

就是生活中的这些看似不起眼的小细节,却在他们眼里成了巨大的机遇。比如,一个生意红火的小摊位在穷人眼中是一家人一日的开销来源,而在富人眼中是无尽的连锁财富;一个臭坑在穷人眼中肮脏不堪,穷人想尽方法远离它,而富人却会买下这片地,耗费人力、物力、财力填上这个坑,盖上工厂,创造更多的利润;即使是一杯水,在穷人眼中不过用于解渴,而富人却将它装入瓶中,卖上高出几倍的价格,或是调成各种"独家配方"的果汁,卖高出几十倍的价格。所以我们应该对这些细小的东西多加思考,并且和自己的生活方式做一个对比,看看我们在哪些方面做得还不够，那就在这个方面多下些功夫。相信这些细节能让我们得到不小的收获。

投资理财，心中要有数

经济社会的到来，带给人们的除了更多的机遇之外，同时也带给人们更大的挑战。一边是飞速发展的经济社会创造出的更多的工作机会，人们的收入也随之越来越多；另一边又是不断攀升的物价指数。不断高涨的消费环境让更多的人面对必须消费的商品无所适从。例如，让普通老百姓难以承受的高昂房价，孩子未来的教育需要支付的高额费用，还有那人人都不愿面对的医院诊疗费等等，一切的一切都需要经济资金的支持。那么，为了能够很好地处理上述问题，聪明的人便开始了自己的投资、理财之道。

理财，必须得有财

生活中的各种问题，工作中的各种际遇也许都曾给过自己某些失望或者希望。但是，无论自己处在家庭中的哪个地位，或者无论自己从事哪种工作，都必须明白理财在生活中的重要性。有人或许会说："理财，必须得有财，才能有所谓的理；而对于一些根本没有资金积累的普通老百姓来说，根本就没有理财的必要。"

当然了，这样的说法是不合理的。事实上，对于理财，每一个人都有着自己不同的处理方法，富者自有富者的理财之道，贫者也更有贫者的生存之法。当然贫者的生存之法也必定是与金钱有着密切的关系。即便是生活中的粗茶淡饭也是需要经过计算进行合理搭配的。而对于自己所拥有的有限资金也能做到一定地合理规划与安排，才能在一波又一波的资金更替中管好结余帐。

而所有人口中的理财其实就是钱财的一种合理分配利用以及投资分配，以使得无论是个人还是家庭，都能有一个最佳的财务状态，从而提高个人的生活品质。任何人的理财都包括了两方面的内容：即赚钱与花钱。赚钱本身就是一种财富的积累过程，是原有资产的一种增加；而花钱除了一定程度上的消费之外，还有一部分是用来投资，以获取更多的收入。所投进去的原有资金减少，其目的也是为了用最少的钱赚取最大的利润。

明确自己的理财目标

所有人在理财之前，首先必须明确自己的理财目标。因为目前市场上的市场资本需求已经得到了很快地发展，而人们也早已经意识到如何让自己手中的现有小钱在市场中越变越多，从而达到一定的财富保值与增值。所以，必要的时候投资，跟得上社会市场的形势，即使是小钱，也一定能够取得很好的收益，即科学掌握好投资时机，早投资多回报，早理财早收益。

这里我们将通过一个投资的例子，向大家具体说明"早投资多回报，早理财早收益"的道理：同岁、同班、同时毕业的两个好朋友陈静与张敏，几乎也是同时找到了工作，一起进的同一家公司，即使是在后来公司为所有员工举办的集体婚礼中，她们两人也同时成为了漂亮美丽的新娘。她们就这样在同一家单位，领着相同的工资，却分别干着各自的事，而且她们彼此都在同一年的幸福中做了妈妈。

但是，个人的理财观念也许还会存在很多不一样的地方。比如，陈静就是一个极具经济头脑的人，她从刚一参加工作，就把自己每月的工资进行两部分的分配，一部分作为自己日常消费的流动资金储备，存进银行；另一部分拿去做一些小小的投资。累积下来的话，每年差不多也就是5000元左右，而她所获得的投资回报率往往保持在10%。那么，如果要从陈静20岁参加工作，30岁结婚生子，之后回归家庭养儿育女。10年的时间陈静每年都会投资5000元，那么，总投资本金也就达到了50 000元，那么，30岁之后，结婚生子休养一段时间再次回到职场依旧按照这样的方式进行投资理财，那么她将获得很大的资金积累。

然而，张敏并没有像陈静那样，从参加工作以后就开始储蓄或者进行小额投资。在她的心中，总是会想：年轻人需要用钱的地方很多，要买漂亮的衣服，要买时尚的鞋子，还要买更多的新时代的各种电器，因此也就成了"月光族"，这还不止，有时候还会狂刷信用卡，以至于每个月都有提前消费的现象。这样下来，张敏一年到头也没有什么资金结余，直到30岁结婚之后才开始存钱，这样等她到了40岁之后每年再拿出5000元做投资，每年如果同样得到10%回报率，这已经和陈静拉下了很大的距离。

等到她们都到了65岁退休之后，她们各自的资本到底有多少？陈静投资了45年，每年的本金5000元，年回报率10%。而张敏则是投资了35年，每年5000元本金，即使本金投资一样，收益率也相同，唯一不同的就是陈静比张敏开始投资的时间早了一些，最终得到的结果却是陈静的回报率要比张敏高出许多倍。

由此可知，投资时间的早晚从一定程度上来说就已经决定了回报率的高低。因此，如果想成为一个明智的理财者，一定需要清醒地认识到理财的重要性，并且还应该认真地分析理财形式，尽量做到心中有数，能早投就绝不拖延最佳时期。

创业初期，如何融资最省钱

人到了30几岁，一般都会生出自己干点什么的想法，而很多人在创业初期，遇到的最大的麻烦就是资金不足。而有些人求得资金，往往忽略了创业成本的考虑,但是,现在很多行业的利润率都处于偏低状态,因此,创业者在创业初期融资时一定要考虑成本,掌握创业融资省钱的一些方法。

王伟在一家电器公司做推销员。时间长了,老板很赏识刘伟,二人关系处得还不错。老板多次鼓动刘伟自己创业,并答应如果资金不够需要贷款的话,可以为他提供担保。有老板的大力相助,他索性辞去了收入不菲的工作,自己注册了一家电器公司。

在自己老板的帮助下,王伟从当地信用社取得了30万元的贷款。信用社的服务很周到,可就是贷款利率比法定贷款利率上浮30%,另外还要从贷款中扣除两笔莫名其妙的"咨询费"和"顾问费"。这样算下来,王伟实际贷款的年利率在7%以上。当时,他对贷款成本没有多加考虑,只想着快点把公司运作起来。可由于电器业竞争激烈,公司只能微利经营,到了年底一算账,偿还贷款本息后没赚到什么钱,用他自己的话说,等于白白给信用社打了1年工。

看了王伟创业的故事,相信很多人都会想创业初期如何融资才能最划算?

下面,我们就对创业初期融资的方法做一下指导。

慎选银行,货比三家再贷款

按照相关政策法规的规定,各家银行发放商业贷款时,其贷款利率可以在一定范围内上下浮动。就像王伟一样,没有仔细考察就匆忙贷款,光利息就要损失很多。其实到银行贷款和买东西一样,也要货比三家,才能买到物美价廉的东西。一般来说,国有商业银行的贷款利率要低一些,但办理手续比较严格,如果贷款手续完备,为了节省融资成本,可以对各银行的贷款利率以及其他额外收费情况进行比较,从中选择贷款利率低的银行来办理抵押、质押或担保贷款。

合理挪用，购房贷款也可创业

如果创业者有购房意向，并且手里正好有一笔足够的购房款，可以先将这笔购房款"挪用"于创业，然后再向银行申请办理住房按揭贷款。住房贷款是商业贷款中利率最低的一种，所以通过办理住房贷款合理挪用来用于创业，成本就会低很多。如果已经有住房的话，则可以用现房做抵押来办理普通商业贷款，可以将这种贷款作为创业启动资金。

精打细算，慎重选择贷款期限

银行贷款分为短期贷款和中长期贷款三种，一般来说，贷款期限越长，利率也就越高。如果创业者资金使用需求的时间不是太长，尽量选择短期贷款。比如，原打算办理两年期贷款的，可以一年一贷，这样可以节省利息支出。另外，要密切关注利率的变化趋势，如果利率趋势走高，则要尽量赶在加息之前办理贷款；如果利率走势趋降，在不太急用资金的情况下则应暂缓办理贷款，等降息后再视时机办理。

善用政策，充分享受银行和政府的低息

近年来，很多银行都推出了创业贷款这一项新业务，即凡是具有一定生产经营能力或已经从事生产经营活动的个人，因创业或再创业需要，均可以向开办此项业务的银行申请专项创业贷款。创业贷款的期限一般为1年，最长不超过3年。按照有关规定，创业贷款的利率不得向上浮动，并且可按银行规定的同档次利率下浮20%；许多地区推出的下岗失业人员创业贷款还可以享受60%的政府贴息；有的地区对困难职工进行家政服务、卫生保健、养老服务等微利创业，还实行政府全额贴息。掌握好国家和政府的相关政策，在贷款时也可以节省很多资金。

亲情借款，利息最低的创业"贷款"

在创业初期，很多人都想尽量减少成本，而向亲朋好友借款就不失为一种低成本的做法。视关系的亲疏远近，可以尝试和自己的亲朋协商借不同金额的钱款，按照存款利率支付利息，并可以适当上浮，这样就可以非常方便快捷地筹集到创业资金，亲朋好友也可以得到比银行略高的利息，可以说是一种双赢的方法。不过，采用这种筹款方式需要有良好的信誉，必要时可以找担保人或用一些凭证或贵重物品做抵押，以解除他人的后顾之忧。

提前还贷，提高资金使用效率

在创业过程中，如果因效益提高、货款回笼等原因，致使经营资金比较宽裕，则可以考虑及时向贷款银行提出变更贷款方式和年限的申请，直至部分或全部提前偿还贷款。贷款变更或偿还后，银行会根据贷款时间和贷款金额据实收取利息，从而降低贷款人的利息负担，提高资金使用效率。

无本赚钱，求人不如求己

30而立，指的是在30岁时有所作为。这句话是勉励大家要去为事业而奋斗。但现实生活中创业除了要有智力，还要有勇气。

想去创业是好事，不过在创业前我们要先注意下面这些问题。

创业的3个误区

1. 很多人都想一下子成为老板。对于创业，也许你也能筹到资金、也能找到项目，也有能力雇员工……都可能做到。但其实白手起家创业的风险还是很大的，很多人没有技能、没有经验，就盲目去投资想做一个公司，所以多数时候会失败。

2. 盲目辞职成为一个自由职业者。想做自由职业者，首先要考虑，有没有足够的技能使得你能在自由职业一族中生活得很好。如果你所拥有的技能不是很赚钱；或者虽然很赚钱，但你的技能在同行间不够出类拔萃；或者你的年龄优势正在丧失，那么你就很难在这一领域生活得很好。很多人盲目成为自由职业者，然后发现过得还不如工薪族。

3. 不要投入了些资金就当自己是创业者。手里有个几万元，就想做创业者，进而盲目地把资金投进去，这样做充其量是个投机者。买而炒这叫投机者，买而不炒的叫创业者。不成熟、没那么多资本、眼光还不够都不能成为创业者。

作为工薪阶层，不要盲目地靠自由职业谋生，也不要盲目地投资做生意，更不要自以为自己是创业者。

工薪族如何达到财务自由

第一，积累。

一定珍惜你工薪族的时光。工作不是生活的全部，但它能丰富人生的经历。

1. 坚持学习。利用上班的工休时间学习某种技能，一种就可以，慢慢地把它学精。一旦你做自由职业，就不能保证有充分的时间学习。

2. 扩宽人脉。抓住一个领域，做某一行业的专家，多积累帮你赚钱的人，而不是帮你花钱的人。

3. 储蓄资金。当你认为你的技能和经验都很充足的时候，考虑一下你的年龄是不是合适，然后你有两个选择：

你可以先兼职做自由职业者，你也可以以专职的方式靠自由职业生存。怎么界定做哪个呢？如果你认为你的技能够了、经验够了，而你的存款足以支持你家里两三年的生活，你可以马上做专职。如果你的技能够了、经验够了，但你的存款不足以支持你两年以上的家庭生活的时候，你可以先尝试做兼职。然后你用你的技能、你的经验在靠自由职业谋生里面开始起步，开始建立一个生意，从小到大，开始你的自由职业者生涯。

第二，选择一个项目。

选择什么项目？这个项目一定要跟你的技能有关，一定要是你非常熟悉的行业。

选好一个项目，靠什么把它做好？就靠量。前期量要大、辛苦，由小做大，直至初具规模。一旦初具规模，就要谋划好如何10年内不倒闭。

第三，想成为一个企业拥有者有3个方式：

1. 自建一个系统。这意味着要付出很多辛苦的努力，你建立的生意由小到大，你要靠你自己的力量使人、财、物、进、销、存、产七个方面成为系统化管理，至少需要10年以上的检验，这有一定难度，成功率很低。

关于这一点，我们做过一个统计：

假设今天有100家企业创业，5年内便会有90家倒闭，他们所犯的是决策性失误，也就是大方向走错了，比如，开饭店，却选错了位置，导致酒楼的客流量大大减少，哪怕只是几米的距离，客流量也是有很大差距的。

剩余10家，5年以后又会倒闭9家，这9家倒闭主要是由于没有建立起系统来？何为建立系统？即在7个方面没有进入良性循环，没有系统的管理。

最后剩下1家，叫做模式，本身就是个良性循环，基本不会倒闭，形成了值得人们学习的成功模式。最后，每个行业所拼的就是个模式。从目前的情况来看，资金不足的时候最好别去投资传统项目，可投资新兴项目。

2. 购买一个项目或系统。可以直接购买一个现成的项目或系统，比如特许加盟、连锁店、总代理、总经销，比如麦当劳、肯德基等，它的人、财、物、进、销、存、产已经成为一种模式了。这种模式是经过检验的成功模式，你可以直接购买它。一般情况下，收益是有很大保障的。或者做世界知名品牌的总代理也可以。

要注意的是，一定要买成熟品牌，切忌买不成熟品牌。

3. 加盟一个系统。如果没有钱购买一个项目或系统，就加入一个系统。比如地区合伙人、技术加盟。最主要的是找到一个非常成功的系统，利用这个系统的模式把你的生意做大、真正做稳，从而使你成为真正的财务自由人。

怎样寻找成功的系统呢？它要具备以下5个条件：

有10年以上成功的记录，并且至少经历过1次经济危机，已被反复验证过的企业。

具有你能够由此获得成功，值得信赖并可充满自信地与他人分享的商业机会。

具有长期的教育计划，把你作为人才来培养。

具有严格的导师计划，你向领导人而不是建议者学习，即向这个行业的成功者学习，而不是向评论员学习。

和你尊敬并乐意与之相处的人在一起。

如果一个企业满足以上5个条件，你还要看一看他们的产品。但太多的人只关注产品，忽视了系统，这也是不对的。如果你想成为一名推销员，那产品是最重要的因素。但是如果你想长期成为财务自由人，那么系统、受益终生的教育，以及人是更为重要的。

真正的成功意味着你在短期内付出的时间和努力带来了巨大的长期

的稳定收入，一旦你建立一个很好的企业，你就能停止工作，而你的收入则因你的企业继续产生。

真正的财务自由，是你不用工作，你的钱还能维持你正常或现有的生活水平，并且持续相当长的时间。

第四，投资，让钱为你赚钱。

当你有了稳定的经济收入之后，你再考虑去投资。这时候你才真正成为一个创业者。

你应当不断学习新知识，不断调整自己的模式，之后融入到一个系统中去，而后还要不断学习。因此，不断学习，建立起学习型团队，培训出属于自己企业的领导人才、优秀员工，提升内部凝聚力，拥有自己的顾客，保持信任与忠诚，才可人心所向，这个是趋势。不论哪一行业，哪种生意，能坚持到最后，越做越壮大、越稳定，都是不断学习的结果。

有了钱更不能忘记进取

创业者在创业的道路上，肯定会经历几个挫折。通常情况下，大多数创业者对于经营公司并没有管理经验，而此时资金支持又不足，所以不少人信心满满，满腔抱负，但是否可以让自己的公司活下来，这就是一个非常大的挑战。

如何让自己的公司更有活力地发展

创业者让公司活过来以后，还有一个问题，是否让公司更具活力向前发展。很多创业者在创业初期都是信心满满，梦想自己的公司做大做强，甚至希望成为世界知名品牌。可是创业之中经历的苦难更容易消磨人的斗志，让他们在获得一定成就以后就不再继续进行奋斗了。这个时候，创业者的心态变化非常大，如果说一开始希望自己可以成就一番事业，那么此时他们更乐意收获眼前的"田地"，赚一点小钱就已经非常满足了，宁肯原地踏步也不想吃苦进步。

能否跨过第二个坎，是创业型公司提升自己，转变形象的关键。事实上，在自由市场的竞争中，无论多大规模的公司，若是停滞不前，都极容易走下坡路。当公司的运行陷入僵局，取得一点成功，需要付出极大的汗水，而要想失败，则可能只是稍微的松懈。

所以，一个决心让公司做大的人，就要时刻保持进取的心态，不要因一时的得意而满足，不为一时的失败而沮丧。在这一点上，任正非是非常优秀的。

任正非的成功经历

1991年，华为研发出新型交换机，凭借这款产品，华为的销售额超过了1亿元。这个业绩，意味着华为正常的运行没有问题。

为了纪念这一历史性的时刻，任正非特地到香港定制了100枚金牌，发给在公司最艰难时刻不离不弃，一起努力的100名员工。

不过，在高兴之余，任正非也意识到新的问题：公司不到200人销售额已经突破1亿元了，下一步该怎么走？有人提出大家创业时非常辛苦，该享受享受了，应该多给大家分一些奖金，他此时有些犹豫。

思来想去，任正非决定不能这样享受，当然，他也并没有制定新的销售计划，而是做出了一个大胆、有挑战性的决策：开发局用交换机，向公用电话领域迈进。

这个决策让华为陷入了一个更为危险的境地之中，因为华为不仅需要将资金注入新产品研发上，还必须向其他企业进行高利率的拆借支持研发。

但也正是这个决策，让华为正式跻身为电信设备供应商的行列。从历史的角度来看，若是当时任正非没有下这样的决定，华为也会像同类生产交换机的企业一样被市场淘汰。

创业者赚钱以后可以做很多事情，买房、买车，租件豪华写字楼，这都是很多创业公司赚钱之后所干的事情。但是，聪明的创业者是不会这样去做的，他们清楚，经营公司如同逆水行舟，不进则退。如果赚钱之后不继续向前，那么以前的努力都会付之东流。

创业者成功后怎么办

盛大网络的创始人陈天桥曾经谈论自己的创业路程时，他说："当每天收入到一百万的时候，我觉得它是诱惑，它可以让你安逸下来，让你享受下来，让你能够成为一个土皇帝。当时我们只有30岁左右，急需要一个人在边上鞭策。就像唐僧西天取经一样，到了女儿国，有美女有财富，你是停下来，还是继续去西天？我们希望有人不断地在边上督促说：你应该继续往你取经的地方去，这才是你的理想。"

是留在"女儿国"享受优厚的待遇，还是继续探入取经的道路，这是创业获得财富之后的创业者必须要考虑的问题。事实上，除了一些小富即安的创业者之外，其他那些活下来的创业者，都在这个问题倒了下来。

福特汽车创始人福特，也曾经走过这样的弯路。大约在1920年左右，福特就实现了创业之初的所有目标。这个时候，他有些自满，不但完全控制下属员工，还常常没有情面地将不错的员工辞掉。而且，他在意识上越来越保守，福特车的刹车、四轮发动机和传动装置一直采用非常过时的工艺。因为不思进取，到了1936年，福特公司大幅度丧失了市场份额，在销量上退居为美国第三大汽车制造商，落后于通用汽车和克莱斯勒。

很多人都会出现这样的状况，在成功或暴富之后不能继续坚持下去，因为建设并壮大一个公司后所面对的是更多的挑战，并非常人可以应付的。创业成功的时候，应当让自己拥有一种使命感，才可以坚持经营下去；同时享受持续建设组织的过程，长期面对并解决让人烦恼的运营问题；不断地重塑、再造自己，并且在这个过程中不断再造自己带领的企业。作为企业的领导者，应当拥有非凡的意志力，长期保持身心健康。

创业成功之后，需要建立有效的法人治理结构，在创始人间、企业和创始人家族成员间、企业创始人和外部股东，及董事长与职业经理人间的互动上建立游戏规则。若没有明确、有效的游戏规则，亲情、友情就会和企业的运作交织到一起，不利于企业长远发展。企业应当建立起有真正意义的董事会，进而帮助创始人、企业董事长建立企业长期运作游戏规则，同时防范由于"独断专行"导致企业风险。

创业成功后，会面对日益强大的竞争者，日益加速的技术，监管环境变化，日益聪明的客户、消费者，创业者应当保持战略灵活性，随着内外环境的变化及时调整战略战术，同时在创始人间、创始人与职业经理间达到持续一致。企业家应当随时观察变化和趋势，不断寻求新想法，对过去进行反思，同时在创始人与企业高层间建立学习平台，同时保持高层对内外环境的敏锐度。

自满是退步的开端

任何时候，自满都是退步的开端。太平天国起义就是这样的例子，太平军只用了两年的时间就攻下了南京，建立起了自己的政权，拥有了强大的军事实力，也有了城市和部分根据地。由于此时的太平军正春风得意，就冲昏了革命领导者的头脑，滋长了洪秀全的自满情绪。洪秀全等人以为"方今真主灭妖，十去八九"，好像自己就会夺得天下，天下已定，可以享受战功了。

此时的太平天国，就像是刚刚活下来的创业公司，本应一鼓作气，但实际上，太平军进入南京仅一个月，洪秀全就不关心战事了，他大兴

第三章
储钱罐里的"财富经"

土木，盖起了巨大的王府。据资料记载：天王府"周围十余里，墙高数丈，内外两重，规模宏伟，如同紫禁城。"洪秀全沉迷酒色，每日深居简出，过起了比封建帝王还要奢侈的天王生活。而且，天王临朝，东王、北王和翼王可以进见，其余官员必须行跪拜礼，三呼万岁。带头人都这样的奢侈享受，于是东王以下各王也开始效仿。他们大摆排场，完全接受了耀武扬威的封建朝仪、服饰、舆卫等规制。就在这样的奢侈生活中，农民起义军渐渐消亡。

好多创业者在创业取得一点成绩之后，又何尝不是有这样的心理。他们只是将目光放在现在的蝇头小利上，却没有想到商场如战场，有市场的地方就会有竞争，有竞争就有输赢。他们也不会意识到，市场会非常残酷地淘汰那些沉迷现状的小公司。

美国DEC公司从1957年就已经步入电脑行业，凭借20世纪60年代的PDP系列和80年代的VAX系列的产品创新，在电脑业中可以说是享誉盛名。1981年，这家计算机公司位居全行业第二名，是计算机行业当之无愧的巨头。

在小型机时代，DEC公司可以说是家喻户晓。但是，正如同它结束了大型机时代一样，当微软创造的PC机时代来临的时候，它却依然没有认真地看待市场，停滞不前，完全忽略市场变化，最终被人收购。

当时，小型机的诞生虽然对计算机起到了一定的普及作用，但是小型机的价钱依然非常昂贵，普通人是很难负担得起的。1972年，英特尔8008芯片的诞生，让当学生的比尔·盖茨看到了其中的前景。于是，在比尔·盖茨和乔布斯等新一代电脑天才的创新下，PC机时代来临。没过多久，IBM也将自己的步子迈向PC机。

但是，DEC公司还以为自己的小型机天下无敌。在公司创始人奥尔森这样经验丰富的工程师看来，IBM生产的PC是非常不好用的。他认为PC是"便宜的、短命的、不够精确的机器"。希望制造出最精美、精确机器的奥尔森是看不起PC的。到1983年，DEC开发的PC出来了。但是它无法兼容IBM软件。奥尔森找到Lotusl-2-3的设计者米切·卡普，说服他替 DEC 开发软件。但卡普说："我对奥尔森很尊敬，他是一位充满激情并且有着奉献精神的工程师，但我们来自不同的世界。"因为奥尔森头脑中最理想的 PC 与市场上的 PC 存在分歧。

事实上，奥尔森一直只是想将电脑作为一种数据处理机器，而不是当做信息传递机器，正是因为思想与时代不符，将他推落到了失败的深渊——1989 年，DEC 的 VAX9000 遭受市场挫折，1992 年，公司损失 20 亿美元，1998 年，维持不下去的奥尔森只能出售公司。

从根本上来说，DEC 公司的失败是因为过于沉迷在过去的成功之中，这也是不少企业在成功之后开始步入低谷的真实原因。

警惕上班族常见理财误区

现如今，随着时代的不断发展和经济的快速发展，"你不理财，财不理你"的观念已经逐渐深入人心。特别是对于上班族而言，不再是简单地将每个月的薪水花销出去，成为月光族，而是开始学会理财，加入到了理财大军的行列。但是，由于理财意识和心态、投资方法及手段等各方面的原因，有很多的上班族经常会步入以下几种常见理财误区，这样不仅无法实现财务自由的目标，反而会让本身原有的财富缩水，所以我们必须要引起足够的重视。

误区一：盲目跟风随大流

很多上班族在理财和消费方面往往存在一种从众的心理，常常会跟随亲朋好友进行类似的投资理财。比如，听到朋友说这个阶段的股票行情不错，能够收获很多的利益，于是就不顾自己的家庭风险抵御能力开始进行盲目购买和投资，结果最后股市大跌，严重亏本。

误区二：认为理财就是把钱存进银行

根据相关的统计表明，大多数上班族最常用的理财工具就是储蓄和保险，因为对于上班族而言，这是最稳妥的理财方法。实际上，这些上班族忘记了还有一种叫做"通货膨胀"的隐形杀手，它不仅会把我们的利息吃掉，甚至还有可能让我们的本钱亏损，让我们的老本不保。

误区三：认为自己没有理财的能力

有的上班族认为自己没有理财能力，每次，朋友们拉着他们投资时，他们都会推脱说自己不是上网的材料，实际上，他们的内心非常清楚，自己也想理财，但又不知从何做起，怎么做。随着时间的推移，理财意识在他们的头脑中越来越淡化了。导致这一结果的主要原因是这些人对自己的理财能力缺乏信心，也可以说他们对理财本身存在恐惧。事实上，理财没有想象中那样难，只要我们多费些心思，坚定自己的理财信心，即可轻松实现理财。

误区四：办理很多的会员卡

很多上班族喜欢办理各种会员卡、打折卡，掏出卡包，发现卡包几乎没有空闲的地方。的确，用卡消费能够省很多钱，但有时候，用卡不但不能省钱，反而会导致过度消费。有的商家为了促销自己的产品，极力为你推荐会员卡，对你解释其中的折扣原理，让你认为自己办卡之后能省去不少钱。但是，当你被他们说服后，他们便会向你进一步说明消费满多少钱后才可享受折扣，如果仅仅为了办卡而突击消费，算下来可就不一定省钱了。有的商家会推出"回报会员"的活动，实际上，这些产品并没有真的给会员打折扣。

很多女白领喜欢做美容，常常会办理美容卡、减肥会员卡等，当时商家会用超低价忽悠我们缴足年费，但是到最后我们会发现，办卡时的承诺都是忽悠人的，要么服务打折，要么人去楼空，到最后，手里就剩下那么一张没用的卡片了。

误区五：投资想法太多，涉及面太广

有的上班族的确积极地参与了各种理财，但涉及面太过广泛，包括股票、债券、外汇、黄金、保险等理财产品全部涉及到了。这类人通常怀有这样的心理"东方不亮西方亮"，认为总有一件理财产品可以让自己赚到钱，并且认为这样做能够很好地避免理财风险。

没错，理财专家也确实说过"把鸡蛋放在不同的篮子里"，因为这样的确能够将投资风险分散开来，可一旦实际运用，预期收益便会降低。当然了，不是说我们将所有的钱都用来买股票就是好事，也不是说将所有的钱都投入房产之中就是正确的。但是，如果我们能够把握各种理财产品的特点，按照比例去投资，之后听从著名经济学家凯恩斯的建议：把鸡蛋集中放在优质的篮子中，才能让有限的资金获取最大的利益。

有时候不妨运用逆向思维

在前几年里，大家可能听到过一个关于看自行车老太太挣钱的故事。

事情是这样的，某证券营业大厅炒股的股民几乎没有不赔钱的，让人感到诧异的是在营业大厅前面看自行车的老太太却赚了不少钱，于是就有很多人向老太太请教炒股的诀窍。她是这样说的，"门口的自行车就是炒股的风向标，自行车在营业厅前面出现得少，就说明股市不景气了，这个时候我就买入股票，一旦营业厅前面的自行车多了，每个人都抢着买股票的时候我就卖出股票。"

这个故事讲了一个在股市利用逆向思维赚钱的例子。事实上，这位老太太的方法就是反其道而行。现在的投资渠道越来越多，随之而来操作风险也越来越多，合理的利用逆向思维做投资理财，必定会有所收获。

舍掉安稳而寻求机会

目前，我国居民的主要投资渠道还是以银行储蓄为主，储蓄仍然是百姓理财的主渠道。它虽然具有风险低、稳定性高的特点，但是相比于当下不断变化的CPI指数，存款在这"负利率"的情况下，明显是不划算。如此低的收益率在高物价水平下货币的贬值是显而易见的，因此，一些对新生事物感兴趣的青年人、中年人不如抛弃传统的银行储蓄这种保守的理财方式，去考虑有一定风险的、能够获得较高收益的投资方式。除了投资股票、炒黄金、炒期货、投资房产等投资方式以外，在银行就可以办理开放式基金、外汇买卖、分红的定投基金等好几个品种，银行和投资服务机构还推出了保证盈利的投资产品，这些投资产品的收益率综合起来会远高于那些银行的储蓄利率。近年来金银币的投资市场的走向也比较良好，作为防通胀的重要工具，也备受创业者的关注，通过对贵金属市场的了解，也可以在恰当的时间介入，以一个合理的价格卖出获得收益。

真理掌握在少数人手里，不走寻常路

经济市场上出现的"羊群效应"不胜枚举，看到别人做什么投资项目，不管自己是否对其有正确的认知，一股脑地进入，全民都投入到投资的热情当中。比如说某家投资公司向大众推出了高额利润的集资业

务,虽然没有办理公开的发售,但其高额的利率让人眼红,并且不少人已经获得了回报。通过大家不断地渲染,大众趋之若鹜地去办理,然而结果是这种高额利息的集资行为并不合法,甚至没有人去调查这个公司的具体业务是什么。这样的向别人看齐,蒙受损失的范围比较大,一旦公司无法兑现利润,创业者就会出现亏损。而有的人能够独辟蹊径在投资方面持不同的见解,能发现那些真正有潜力而并未被发掘的投资方式。比如说都在进行股票炒作,而有的人却在开放式基金上看出优势,在别人还没去发掘其优势的条件下去买入,获得的利润不一定比投资公司少,但是前提是有自己独到的见解。

学会不随波逐流、坚持自己正确的投资观念。当获利机会来到的时候,注意把握分寸,找出最有利的时机进行操作。

分散资金与集中一点

在股市上亏损的创业者深信"不把鸡蛋放在一个篮子里"这句经济学名言,其确实能够达到分散和降低风险的目的,但是创业者一味地将资金分散开来,其获利的程度会大大降低。

举一个例子:

> 老王和老赵的投资风格都比较稳健,但老王是按照投资分散的方式进行投资,对投资方式的涉猎非常广泛,有一朋友以高额的利息向他借钱,他虽然知道风险比较大,但又怕失去这个获利的机会,他就按照分散投资风险的原则借了1万元给这个朋友,虽然它降低了风险,可是因为朋友的投资破产了,这一万元也就彻底亏损了。尽管他在其他方面有所获利,可是算下来这一年的收益却为零。
>
> 老赵发现国家开始发行一种国债,这种国债的优点在于风险低,没有利息税,在临时支取的时候可以把钱按照利息取出来。看

到这个优势,他将自己所有的积蓄投入到国债上面。老赵在享受投资带来的收益时,其所承担的风险却非常低。可想而知,稳健的创业者在"孤注一掷"时,已经知道了预期收益的安全性。

会花钱才会赚钱,节俭不一定有收获

《伊索寓言》中有一个关于吝啬的富翁的故事:一位富翁将自己所有的金子藏在床底下,每周把金子拿出来看一看以感到快乐,但是这个秘密被小偷发现了,小偷偷走了他所有金子。从此这个人郁郁寡欢,生不如死。邻居们来看望他,对事情经过了询问,问道:"你从来没花过这里面一分钱吧?"他回答:"我每周会把它拿出来看看。"邻居劝慰他,"你不去花掉它,它的存在还有价值吗?"

在当下,也有像富翁这种人,我们为什么理财,还不是因为想提高自己以及家人的生活水平,如果现代人和这位富翁一样,把钱攥得死死的,不去投资消费,可能它的收益率很高,余下的钱再多也不能算是合理地规划资本。所以我们在做投资理财的时候,应该把消费放进去,在能够完善家庭支出的情况下,应该加大对子女教育、户外旅游、文化学习等方面的消费,只有把生活质量提高上去,才能安心投资。

与什么样的人合作能赚钱

2009年《福布斯》杂志的全球富豪排行榜,54岁的比尔·盖茨仍以530亿的资产净值位于榜单前列。没有人怀疑比尔·盖茨的成功,据说,曾有机构问过比尔·盖茨成功的秘诀。比尔·盖茨说:因为有很多成功人士与我合作。可见,合作的力量有多大,好的合作伙伴可以协助你在创业的过程中少走很多弯路。

经总结，要想赚钱，与自己合作的人应该具备以下几个特点：

1. 不甘心。在当今这个时代，最大的危机是没有危机感，最大的陷阱是满足。人要学会用望远镜看世界，而不是用近视眼看世界。顺境时要想着为自己找个退路，逆境时要懂为自己找出路。

2. 学习能力强。寻找合作伙伴不能单以他的学历做标准，学历代表过去，学习能力才能掌握将来。要懂得从任何细节、所有人身上学习和感悟，并且要懂得举一反三。学、做、教是一个完整的过程，只有达到教的程度，才算真正吃透。在更多时候，学习是一种态度。只有谦卑的人，才能真正学到东西。正如大海之所以成为大海，是因为它比所有的河流都低，是一个道理。

3. 行动力强。只有行动才会有结果。行动不一样，结果也不一样。知道不去做，等于不知道，做了没有结果，等于没有做。不犯错误，一定会错，因为不犯错误的人一定没有尝试。错了不要紧，一定要善于总结，然后再做，一直到正确的结果出来为止。

4. 懂得付出。要想杰出一定得先付出。斤斤计较的人，一生也不会有大的发展。没有点奉献精神，是不可能创业的。要先用行动让别人知道，你有超过所得的价值，别人才会开更高的价。

5. 具有强烈的沟通意识。现在社会上经常会听到一句话"沟通无极限"，这不仅是一个目的，更是一种态度。一个好的团队当然要有共同的愿景，而这非一日可以得来，需要无时不在的沟通，从目标到细节，甚至到家庭等等，都在沟通的内容之列。

6. 诚恳大方。不同的人有不同的立场，那么我们不可能要求利益都完全一致。关键是大家能够开诚布公地谈清楚，不要委曲求全。相信诚信才是合作的最好基石。

7. 做事先做人。这点要求合伙人具有基本的道德观。正所谓"立业先立德，做事先做人"，做任何事情，都是从做人开始的。古往今来，对人的要求，无不以做人为本。

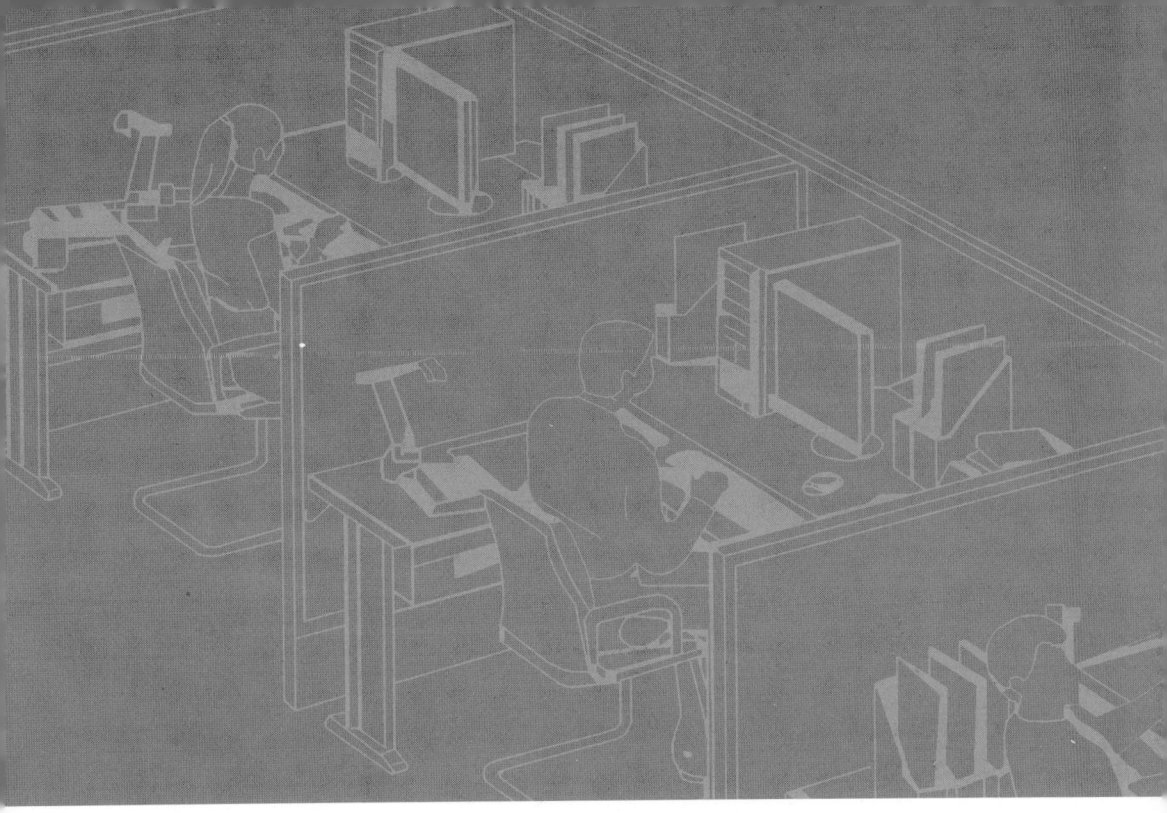

第四章

你是有本事的"穷人"吗

第四章
你是有本事的"穷人"吗

尺有所短寸有所长,即使打工,你身上也有着过人的长处,想要实现自己的财富梦想就要懂得全方位地挖掘出自己的这些"潜能",让自己成为"有本事的穷人",让自己用"本事"说话,成就自己的成功人生。

职场之路,职业优胜劣汰

美国著名的哲学家詹姆斯,毕业于哈佛大学,他曾经说:"你应该每一两天做一些你不想做的事。"这其实是一个永恒不灭的真理,更是我们人生进步的基础和上升的阶梯。这让我想到了另外一个与此观点相同的名言"容易走的都是下坡路。"哲学的辩证法里面有量变质变定律,当量变积累到一定程度就会发生质变。因此,我们不要奢望个人的进步能够立竿见影,只需要每天可以进步一点点就行了。

北极熊和大熊猫的故事

有这样一个故事,多年以前,有群熊快乐地生活在茂密的树林中,这里食物充足,它们在此繁衍生息,而且同其他动物相处得非常友好。

但是有一天,地球上出现了巨大的变化,这片森林没能幸免,被雷电击中,焚烧殆尽,动物们四散奔逃,熊的生命受到威胁。此时,有些熊提议说:"我们北上吧,那儿没有我们的天敌,我们能够获得很大的发展空间,将来会变得更加强大。"但是还有些北极熊反对说:"那儿太冷了,如果我们去那里,都会被冻死、饿死,还不如找个温暖的地方好好生存,而且,温暖的地方食物充足,我们很容易生存下来。"大家争执不下,谁都不能说服谁,于是,大家分成两拨,一拨去了北极边缘生活,另一拨去了四季如春、草木繁茂的地方居住下来。

北极边缘气候寒冷,在那里生存的熊逐渐学会了在冰冷的海水里面游泳,并且学会了潜到水下、海中捕食鱼虾,甚至勇于同比自己还要庞大的海豹搏斗……久而久之,这些熊比以前强壮了很多,也变得更为凶猛,这就是我们现在看到的北极熊。

另一部分熊走到盆地,发现这里的肉食动物太多了,自己由于身体笨重而无法同其他肉食动物竞争,于是决定放弃肉食,开始吃草。但万万没有想到,这里的食草动物更多,竞争非常激烈,草根本吃不到,它们只好转而去吃其他动物都不吃的竹子,就这样生存下来。

慢慢地,它们将竹子视为自己唯一的食物来源,由于没有其他动物与之争食,它们变得越来越懒惰,身体肥胖、臃肿,久而久之,就演变成了我们如今看到的大熊猫,但是后来,竹子越来越少,大熊猫的数量也跟着减少,濒临灭绝,最终只能落得个关在动物园的结局,依靠人类的管理才得以生存下来。

我们想一想,熊的遭遇如此,每一个人的职业发展又何尝不是这样的呢?在机遇面前,每一个人都是平等的。如果自己不去主动竞争,那么迟早也会和大熊猫的遭遇一样,被别人排挤,甚至会被别人吃掉。

现如今,就业的形势日益严峻,在职场上拼杀的白领们不敢有一丝的懈怠,惟恐"砸"了手中的饭碗,被老板炒了鱿鱼。而对于已经成为了"老员工"的三四十岁的白领们,眼看着学弟、学妹们揣着硕士、博士学历,意气风发地加入到自己的队伍当中,不自觉地就会心跳加速、血压上升,产生一种威胁感。

可是,这个年龄的人已经不再像新手们那样了无牵挂,他们上有老下有小,工作压力也越来越大,公事、家事早已经让他们进入到了亚健康状态。可看着后来者们"虎视眈眈"的样子,原地踏步必然就是死路一条。

每天做点困难的事

让自己进步的方法很多，比如，"每天做点困难的事"，这其实就是"逼"自己进步的办法之一。假如你是一位营销人员，而当众演讲又是最让你感到发怵的事情，那你就每天"逼"自己对着镜子练习讲话；如果你是一位公关人员，恰好你又是一个性格内向的人，那你就需要每天"逼"着自己主动与业务伙伴进行联系，不管是打电话，还是发 E—mail，哪怕是相约见面；如果你从中学就开始讨厌学习外语，可是，如果你想要获得在职硕士学位，那么就不得不硬着头皮，每天"逼"自己练习听力、复习语法，再一口气做完一些模拟试题……

"每天淘汰自己"，这是我们需要告诫自己的一句话。事实上，我们所处的生存空间正在被无限压缩。早在20世纪70年代，欧美一些未来学家就曾经预言："当人类进入21世纪时，每周的工作时间会被压缩到36小时，人们将会有更多的时间来提升自我，休闲娱乐。"

可是，当我们真正进入到21世纪的时候，人们才惊讶地发现，相当多的人每周的工作时间正在无限地延伸，有的人甚至超过了72小时，而且，还有很多人被市场无情地给淘汰了，而那些每周工作时间在不断延伸的人们却又在愈加发奋地苦苦"提升"自我。我们看，未来学家们的美好预言就这样被残酷的现实给无情地击碎了！我们试想，如果你不淘汰自己，那么很有可能会被别人淘汰。

现如今，我们生存的这个社会空间，已经不是论资排辈，倚老卖老，悠闲自得令人喘气的轻松时代，随时随刻都有可能会被突如其来的风暴把自己苦苦多年经营的梦想击得粉碎，让你无法面对。

因此，我们只有不停地努力，不停地找准自己的立足点，并且勤奋地用别人双倍的艰辛来完成自己的使命。我们要记住，天上不会掉馅饼，在生活当中也没有免费的午餐等着你。如果你存在片刻的懈怠和侥幸心理，那么生活不仅仅会给你开个不小的玩笑，甚至还会让你苦笑不得。

记得几年之前，在某中外合资企业担任网络通讯设备销售经理的一位人才，几年来一直忙于日常的事务，在"干杯"声中翻过了日历。而现如今，他下属的学历比他高，能力比他强，经验也在数年的职场当中获得了积累，羽翼日渐丰满，销售业绩惊人，并且在公司最近的绩效考评中名列第一，迅速淘汰了他这位上司，而留给他的只能是岁月的蹉跎和时光的惋惜。

这个事实就是告诉我们，当你沉沦于花天酒地，安于现状的时候，千万不要忘乎所以，要时刻给自己提醒，历史的脚步绝对不会因为你的稍停片刻而停留在你的时间范围内，它正从每秒匆匆的滴答声中从你的身边悄然离去，而你，正在荒废每一秒钟的时间。生存在社会的底层没有关系，从事最底层的职业也没有关系，只要你不断克服困难，通过不断的学习充实自我，那么你就能够在这个高速发展的社会中立足，获得令人尊重、令自己满足的地位。职场和社会是一样，残酷的优胜劣汰一直在上演，你不进步，就会被这个社会淘汰！

信息时代，不拼资本拼专利

如果你没有属于自己的优势，没有属于自己的核心竞争力，那么你很容易被其他人取代。因此，创业在选择合伙人的时候，一定要考虑到对方身上存在哪些独特的亮点。同样的道理，别人在与你合作的时候，看到的也一定是你的不可取代性。所以，想让自己成为别人眼中重量级的合伙人，必须要提升自己的核心竞争力，创造自己的不可替代性。

一位柔道选手的特别之处

王树荣在自己15岁那年，由于一场车祸失去了左臂，但是王树荣这么多年来一直喜欢柔道,他不想因为残疾而放弃自己的梦想。于是,王树荣拜了一位名师,继续学习柔道。

王树荣的学习非常认真,但是让他感到非常不能理解的是,大半年的时间过去了,老师却只是重复地教他同一个动作。

王树荣终于忍不住了,问老师能不能再多教他一些动作,可是老师却告诉他,只要学好这个动作就可以了。虽然王树荣很不理解,但还是按照老师的要求认真地学习。

后来,老师带着王树荣参加了两场比赛。在比赛过程中,王树荣非常熟练地运用了老师所教的动作,居然过关斩将,一路杀到了决赛。虽然决赛的对手非常强悍,但是经过一场苦战,王树荣还是获得了最后的胜利。

如此傲人的成绩让王树荣自己都不敢相信,他百思不得其解,不明白为什么凭借老师教给的这个动作,就可以胜出。

老师告诉王树荣,主要是因为两方面的原因:"第一,我教你的招式是柔道当中最难的一个动作,你已经精通了。第二,对手想要破解这个招式只有一个办法,那就是抓住你的左手。"

王树荣终于明白了,原来自己失去左臂,居然成为了最大的优势,让对手根本没有办法破解。

提升自己的核心竞争力,就是要寻找到自己的绝对优势,而且还要将其强化。我们每个人都是有缺点的,甚至有一些缺点非常明显,而这样的缺点就好像是王树荣的左臂,但是要相信,每个人也一定有自己不可取代的能力。

谁都愿意和成功的人合作

俗话说:"物以类聚,人以群分",成功的人自然愿意与更成功的人合作,这也是人之常情。

所以,如果你想要得到重量级合伙人的垂青,那么一定要学会打造自己的不可替代性，让自己具有别人不具备的优势和条件。

那么，我们如何创造自己的不可替代优势呢？

第一，要有主动改造自己的积极心态。

想要创造出自己的不可替代优势，需要自动自发的心态。就像火箭想要冲入太空必须点火一样，而我们想要有所作为，就必须学会为自己"点火"。因此，想要把自己的形象改造成为别人眼中不可替代的主角，就少不了改造自己的积极心态，来助自己一臂之力。

第二，重塑自我，提供应变能力。

具有不可替代性的价值的人，就要相信自己的力量，但是也不能够盲目相信自己或者是其他人的观点。我们要通过自己的学习，不断完善自己的知识体系，从而提高应变能力。

第三，学会自我营销。

这里讲的营销并不是指营销行业，而是指营销的策略。我们要经常关注社会，多去了解社会究竟需要什么，这样我们才知道如何立足于商海。之后，再根据了解到的情况有针对性地调整好自己的发展方向，进行自我营销。

第四，集中火力打造品牌。

品牌就是拥有核心竞争力的技能。如果我们把一个人的能力看成是金字塔，那么塔尖就是品牌的核心竞争力，而塔中间是普通的社会实践经验，塔底就是基本的知识和技能。

第五，提高专业技术能力。

专业技术能力在个人自身的能力当中是最基本的能力之一，为了维持生存，对于我们每个人来说，都必须会一种或者多种技术本领。

第六，自知之明。

对于一个人来说，最难的是自知之明，最重要的还是自知之明。只有有自知之明的人，才能够更潇洒地为人处世；只有主动思考世界，才能够真正发现世界，为世界创造价值。

人情社会，人脉决定命脉

对于那些刚刚步入社会的年轻人来说，人脉的积累是必不可少的，也是我们在社会生活下去的重要资源。

不管是在家庭，还是在单位，或者是其他的特殊场合，人际关系和我们都是分不开的，我们不可能不去关心这些，也不能不重视、逃避人际关系，而且还需要利用它，干好工作，甚至是获得成功。这就需要我们仔细地维护和利用自己的人脉关系。

给别人留下好印象

和别人进行交流，需要给别人留下好的印象，这样才能与别人融成一体，完成自己的目标。一个能够维系人脉的人，就会处处有人帮，让你的生活更加的顺利幸福。反之，如果你维系不好人脉关系，应该属于你的机会也会被别人拿走。维系好人脉关系，不要让别人觉得你过分的虚假和伪装，而是把最自信的方面展示给别人。当然，在这个复杂多变的人际关系中，我们应该学习维系关系的技巧。

可能有的人觉得，只有政治家或者企业家才会关心和经营自己的人脉关系。也许有人觉得，与别人交际是一种本能，只要会说一些幽默的言语就可以了。其实，这些并不特别全面甚至还有误解。人脉关系是需要我们仔细维系的，既需要自我修养的提高，也需要掌握和了解一些技巧。

特别要注意的是，如果你只是把人脉的交际作为技巧的运用，可能就是南辕北辙。人际交往与人们的思想观念密不可分，如果某个人做事情从来不讲究公平合理，不论他的技巧多么的高超，他的人脉关系也是非常的混乱，可能他会一时得意，但是他的面具会有揭穿的一天。良好的人脉交际，它建立的基础就是公平合理，如果你再加上一些巧妙的技巧，就会事半功倍。就此，在这里介绍一些人脉维系的技巧。在这里需要遵守三个原则：

1.展现真实的自我。现在越来越多的人不喜欢出现在荧幕上的各种联欢晚会了，也比较讨厌那些装腔作势的节目主持人。虽然他们是专业的主持人，动作、表情和台词衔接得非常恰当，在抒发情感内容上也是恰到好处，但是总让人觉得做作，是在演戏。让人觉得不太真实。

主持人的表达非常不错，但我们无法去接受他们。他们样貌英俊，却并不受欢迎，为什么会是这样呢？这是因为他们的动作语言做作，正如一位著名的节目主持人说的那样"各位观众，各位来宾，我非常荣幸参加并主持这个晚会"，但是眼睛却盯着自己的鞋，脸上一点高兴的样子也没有。如此，台下的观众自然就不会喜欢他。人际交往的过程中有的人也像主持人那样，非常的"懂礼貌"，但是缺乏感情，要么虚假友好，这样的人也不会维系自己的人脉。

在人际交往的过程中，做到把自己真实的一面展现给别人。最会与人交流的人，永远不会因为场合的改变而改变自己本来面目。我们最值得展示的是我们本身，别人就会用自己的真实面目交往。反之，如果你的交往过于虚假，别人与你的交流也会有所保留。道理很简单，谁会愿意和那些虚假不真实的人交往？即使与你交往，也是敷衍面子，不能更深入地了解。有时候，我们一般都不希望自己的缺点让别人知道，其实完全没有必要。我国古人经常说"人无癖不可与交"的话，就是说没有毛病的人不可深交的意思。这是为什么？因为我们每个人都是有不同的缺点的，与没有缺点的人交往，就会觉得压力很大、不愉快。而与那些有缺点的人交往，心中自然就会平衡、愉快，你们之间也便于交往。

2.要尊重别人。被别人重视，总是一件让别人觉得很开心值得自豪的事情。所以在人际关系中，我们要让对方觉得我们非常重视对方。对方认识到了这一点，心中就会感激，给予我们回报，交往起来也就必然融洽。

重视别人，需要你有一些必要的技巧，比如不要让人觉得你在怠慢他，积极主动地和别人交谈，要向别人说谢谢，对人学会关爱。

每个人都觉得自己与众不同，具有唯一性，在交往的过程中应该特别注意，认可每个人价值的不同。人们不喜欢你把他和大众混在一起，因为这样就会让人觉得自己是个普通人，因此，我们在交往的过程中应该知道与个人交流，而不是把别人作为普通的大众。

3. 举重若轻。人际关系至关重要，但在我们的脸上不能表露出凝重的情感，每天都是阴沉着脸。所有的人都乐于与面带微笑的人交往，而一个总是庄重严肃的人会让你的同事产生厌倦的感觉。和一个阳光微笑的人打交道，别人也会觉得心情舒畅，这就是性格开朗的人受大家青睐的原因。

与性格开朗的人谈话，在精神上也是一种享受。他语言诙谐，说话有趣，具有朝气，让人觉得是一种享受。轻松地与人进行交流，自己快乐，别人心里也痛快，你的人脉资源也会越来越广。在我们给别人留下好的印象时候，我们就会发现到处都会有朋友，这就是一种无穷的资源。

合作取胜，单干出不了英雄

台湾作家柏杨曾经说过："一个中国人是条龙，三个中国人是条虫"，这其实就反映了中国人合作精神的缺失。

有很多人遇到事情都喜欢单打独斗，喜欢展现一种"吃自己的饭，流自己的汗"的男子汉气概。可是，现如今社会分工越来越精细，每个人的能力也往往都开始局限在某一处，或者是有限的某几个领域。

一个思维敏捷，巧舌如簧的律师可能会疏于业务能力，而一个善于管理的企业家可能不太懂得融资的技巧，而一个技术精湛的专业性商人则可能会缺乏商业思维，一个能力出众的公务员可能不善于处理人际关系。这些局限能够在一定程度上获得突破，但是无法彻底突破。

单打独斗早已过时

威尔·史密斯出身贫寒，在16岁的时候就开始自谋生路，但是他有着很强的进取心，在儿童时期就立志要成为一个伟大的企业家，并且还不露声色地执行他心中的计划。

在20岁那年，威尔·史密斯进入到了美国一家非常有名的服装公司做业务员。在这家公司当业务员的经历，让威尔·史密斯学习到了很多东西。而在一年之后，他决定创办自己的服装公司。

威尔·史密斯决定和一个朋友合伙，用5000美元开办了一家以自己名字命名的品牌服装公司——威尔服装。

在威尔·史密斯的悉心经营下，这家公司的生意非常好。可是，威尔·史密斯逐渐不满足了，他认为，总是做和其他人一样的衣服是没有突破的，只有设计出别人没有的新产品，才能够在服装业内出人头地，而这又需要一位优秀的设计师入伙。

但是，这样的优秀设计师到哪里去寻找呢？

有一天，威尔·史密斯外出办事，他发现一位少妇身上穿着的蓝色时装非常新颖别致，结果就不知不觉地跟在这位少妇的身后。少妇以为威尔·史密斯心怀不轨，便转身大声骂其流氓。威尔·史密斯赶紧进行了解释，少妇才转怒为笑，而且还对威尔·史密斯说，自己的这套衣服是她的老公圣比亚德设计的。

结果，威尔·史密斯心里就有了想要聘请圣比亚德的念头。通过一番调查发现，圣比亚德果然是一个非常有才华的人。他精于设计，而且还在欧洲的三家设计公司做过。恰巧，他刚刚离开一家设计公司，原因是他提出了一个非常好的设计方案，但是不懂设计的老板却不予采纳，甚至还把圣比亚德给训斥了一番，他一气之下就不干了。

第四章
你是有本事的"穷人"吗

在了解了圣比亚德的遭遇之后，让威尔·史密斯对于聘请圣比亚德更有信心了。可是，当威尔·史密斯登门拜访圣比亚德时，他却闭门不见，这让威尔·史密斯非常的尴尬。但是威尔·史密斯知道，一个才华横溢的人是难免意气用事的，只要真诚地去邀请他，他一定会同意的。于是，威尔·史密斯接二连三地去拜访圣比亚德，他这样一种求贤若渴的诚意打动了圣比亚德，最后，圣比亚德终于接受了威尔·史密斯的聘请。

圣比亚德果然是身手不凡，他不仅设计出了很多颇受人们喜欢的款式，而且他还是第一个采用人造丝来制作衣服的人。由于成本低，并且是抢先别人一步，可以说是占尽了风光。威尔·史密斯的威尔服装公司业绩更是蒸蒸日上，仅仅不到十年的时间，就成为了服装行业的老大哥。

很显然，这里面有很大一部分功劳要归功于圣比亚德。如果没有他的才华，威尔·史密斯的事业也不可能达到如此巅峰状态。但是我们反过来想一想，如果失去了威尔·史密斯的帮助，估计圣比亚德也不可能找到这么好的平台展示他的才华。两人的合作，获得了双赢，甚至还产生了"一加一大于二"的效果，这就是合作的力量！

团结就是力量

俗话说得好"人多力量大"、"团结就是力量"，良好的人际关系能够让人与人之间产生一种合作的愿望，让事情得以以最快的速度和最佳的效果完成。

特别是在专业化分工越来越细，市场竞争越来越激烈的前提下，单打独斗的时代早已经过去，合作变得越来越重要，甚至已经被越来越多的创业人士所接受。

一位成功的企业家说："现在的创业时代，早已不是单打独斗、显现个人英雄的时代了。大家互惠互利，合作双赢才是硬道理。"在现实生活中，没有人能够成为一个无所不能的超人。我们必须告别单枪匹马的时代，学会合作取胜。

寻找能够带你飞上枝头的"贵人"

想要获得成功的人,首先必须要开发出自己的潜力,并且相信自己的潜力是无穷的。但是,在有的时候,我们不要忘记自己还有人脉圈,因为我们不管做什么事情,都是需要依靠人脉圈当中的朋友的。当然,想要建立一个坚实而强大的人脉圈并不是一件容易的事情,最为重要的事情就是我们的人脉圈里面必须要有我们的"贵人"。如果你现在还处于事业发展的阶段,那么你就需要寻找一位"贵人",让其带领你进入到一条正确的发展道路。

离不开朋友们的帮助

现如今,社会竞争日趋激烈,仅仅只靠自己的单打独斗是远远不够的,成功人士通常都会有一套自己的方法,而所有的成功的人背后都离不开朋友们的帮助。如果你想要获得成功,那么就要想方设法去和强大的人进行交往,因为只有站在巨人的肩膀上面才能够看得更远。

在事业刚刚起步的时候,奋斗可能是非常艰难的,在需要别人帮助的时候,就应该去主动寻找别人的帮助,千万不要一味地埋头苦干,因为一个人的力量是渺小的,就好像一根筷子是非常容易被折断的,但是如果换成了一把筷子,那么轻易是很难折断的。

大家熟知的比尔·盖茨,这位世界首富,他也是白手起家的。刚开始的时候,微软公司的规模非常小,在市场上面所占据的份额也是微不足道的,但是比尔·盖茨却得到了当时计算机产业的巨人——IBM公司的大力支持。而且在与IBM公司的合作当中,微软公司进行了迅速地发展。

在当时,微软公司在美国真的只是一家小公司,能够被IBM公司

第四章
你是有本事的"穷人"吗

看上，可以说是一种莫大的荣幸，而且比尔·盖茨也知道，如果能够依傍着 IBM 这样的大公司，那么公司今后的前景一定会更好。

就在 1980 年 8 月的一天，比尔·盖茨接到了一个陌生的电话，电话是 IBM 公司的负责人打过来的，希望比尔·盖茨能够安排出一个时间和 IBM 公司的两位专员进行一次会面。比尔·盖茨听完之后，没有进行任何思考就答应了。他做梦也不会想到，像 IBM 这样的大公司居然会主动邀约他，在当时，IBM 公司可占据着全球电脑业 80% 的市场份额，稳坐在电脑行业的头把交椅上。

比尔·盖茨在高兴之余，也在仔细思考，为什么 IBM 公司会派人来见自己。但是他转念一想，不管怎么说，微软公司作为一家小公司，能够和这样的的大公司进行交流，而且还有机会合作，这将是一件了不起的事。

IBM 公司原先只是致力于发展大型计算机，对于个人计算机方面还没有足够的重视，后来他们发现个人计算机市场已经出现了蓬勃发展的趋势，这个时候才意识到自己犯了大错，于是他们希望能够快速追赶上这股潮流。

在当时，苹果公司发展得非常好，IBM 也想要收购苹果公司，但是苹果公司方面并没有出售的打算，没有办法，IBM 公司只好自己成立一个个人计算机开发小组，而这一小组在经过了一番研究之后获得了两个结论：一是要对那些能够独立开发软件的公司给予一定的支持和鼓励；二是必须要建立一个公开的机构，那么这样就可以带动一大批软件公司的发展，而这些公司则可以作为他们日后的后备力量。

就这样，IBM 开始逐渐放弃了走自主研发的老路，他们决定和其他的公司开展秘密的合作，从而达到一鸣惊人的效果。也就是在这个时候，他们发现了微软公司，虽然微软公司还只是一家非常小的公司，但是每一年的销售量都是在成倍地增长，这就表明了，这家公司是存在非常巨大的潜力的。所以，他们后来找到了比尔·盖茨，进行一番接触之后，希望能够与其达成合作的意向。

但是，比尔·盖茨也知道，天上绝对没有掉馅饼的好事，和这样的大公司进行接触，自己是免不了要吃亏的，但是这样的机会又是不能够错过的。

就在他们进行了交流过后，IBM公司确定了与微软公司的合作项目是开发8088芯片。可是在文件方面，却出现了一项不平等的临时条款，就是要求微软公司为IBM公司的所有机密负保密责任，而IBM则是以不愿意接受微软公司的机密为由，推卸了自己的责任。

比尔·盖茨知道，这样的一条规定就是针对自己的，如果自己稍微不留神，那么很有可能会陷入官司。可是，如果不签署的话，那么这样的合作机会恐怕不会再出现了，在自己还是家小公司的情况下，承担一些风险也是必然的。于是，比尔·盖茨最后接受了这项不平等条款。

后来的事实证明，比尔·盖茨的决定是正确的，就在他们签订合同之后，微软公司依靠IBM这棵大树，开始了自己的腾飞之路。

微软公司开发的视窗系列操作系统更是成为了行业的标准，而且还达到了80%的市场占有率。在此之后，比尔·盖茨又开始不断地与行业内的大公司进行合作，就这样一步一步借助巨人的肩膀走上了行业的至尊宝座。

懂得借助"贵人"的力量

比尔·盖茨的案例其实告诉大家，凡是成功的人士都懂得借助"贵人"的力量飞上枝头这一道理。不管是在哪一个行业，都有着这一行业里面的佼佼者，如果你这个时候还仅仅只是一个行业的新人，那么你却得到了本行业里面领军人物的指点和帮助，那么对于你今后的发展肯定是大有好处的。

对于我们每个人而言，一生当中都会遇到自己的"贵人"，关键要看自己能不能够把握住这些"贵人"，不要让他们轻易溜走。

首先，不要将自己定位为旁观者或局外人，如果总是认为自己是个旁观者，那么通常不能获得足够的"人员基金"，所以，一定要记住，对你有帮助的人并非毫无征兆地出现。人脉资源网络建设需要你用心寻找、发现，同时积极、主动地参与其中。

其次，要积极地去寻找机遇，对于成功者来说，机遇是非常重要的，但是有的人即便遇到机遇也不一定会成功。原因很简单，他不具备把握机遇的能力。所以，只有将注意力集中到工作上面，不断地充实自己，才可遇到真正的机遇。事实证明，成功人士身上最优秀的品质就是善于交际、结交朋友，建立有效社交圈。

在此，要投其所好，引起贵人注意。没人会同自己第一印象不好的人交谈，更不会与之有生意来往，主动帮他就更不可能了。因此，投其所好，想办法让对方认同、喜爱自己。

最后，积极参与社交。想结交贵人，首先要认识很多人，因为贵人的脸上没贴标签，经过交往后才能发现哪个是你的贵人。应当积极地参加一些社交活动，进而结实各行各业人士，进而开创出更新、更广的生活圈子。

你需要记住，结交"贵人"绝对不是阿谀奉承，应该像去结交朋友那样，必须展现出自己的真诚，也只有这样，你才会结交到更多乐意帮助你的贵人。

剑走偏锋，出奇制胜

一个人做事情能否成功，也许不同的人会有不同的看法，但是决定一个人是否成功的最关键因素在于如何进行选择。如果选择了消极应对困难与挫折，那么我们就只能眉头紧锁，郁郁寡欢，永远掌握不了处世的艺术；而选择了积极乐观去面对各种困难，那么我们的生活就充满了乐观和自信，我们也将拥有一个积极的处世心态去做事情。

摆脱习惯性思维

当我们遇到困难的时候，如果你总是从负面看问题，势必会产生悲观心理，而这种悲观的心态肯定会成为阻碍你前进的绊脚石。在处世的过程中，我们一定要克服这种不良的心态，学会换个角度看问题。因为任何事情都是有利有弊的，同一个问题或者事情，如果我们能够从好的方面去看，也许就会有一个意想不到的结果。

一年一度的科举考试又到了，许多年轻的读书人为了求得功名都纷纷进京参加科举考试。

有位秀才历经了长途跋涉后来到了京城，随便找家客栈就住下了。考试的前几天，这位秀才每天晚上都会做梦。第一天晚上，他梦到天正下大雨，自己的头上却戴着斗笠，手中还打着伞；第二天晚上，他梦到自己居然在墙上种白菜；第三天晚上，他又梦到自己竟然与暗恋的女孩躺在一起，可两个人却背靠着背。

秀才觉得这三个梦非常奇怪，所以他赶紧找了位算命先生去解梦。秀才将第一个梦告诉算命先生后，算命先生摇了摇头说："哎呀，我觉得你还是不要考了，直接回家得了。你看看，哪有人大雨天里戴了斗笠还打雨伞？不是说你多此一举吗！"

秀才听完算命先生的叙述，接着将第二个梦诉与算命先生，算命先生说："你不是想考状元吗？我劝你还是别考了，你分析一下，哪有人会将白菜种到墙上，不是明摆着白种嘛！你再说说你的第三个梦吧。"

秀才觉得有些难为情，不好意思地将第三个梦诉与算命先生，先生说："你看看，都已经和你心爱的女人躺到一张床上了，却仍然是背靠背，这不明摆着说你没戏吗？"

秀才听过算命先生的话后心灰意冷，回到店中准备收拾东西回老家。店老板觉得很是奇怪，上前问道："明天就要参加考试了，你为什么收拾东西要走呢？"

秀才边摇头边叹气，将自己做梦，以及算命先生说的话全部告诉了店老板，店老板听完居然笑了，说道："哟，我也会解梦。我看你这三个梦做得非常好，你这次必须留下来。你想想啊，戴斗笠还打伞，不就是说你有备无患吗；在墙上种菜，不就是说你要高种（中）吗；与你心爱的人背靠背躺到床上，不就是说你即将翻身吗？我觉得你这次一定会高中。"

秀才听完店老板的叙述后，觉得他说得非常有道理，心里的阴云顿时散开，一下子高兴起来，第二天便信心十足、精神饱满地去参加考试了，最后竟然中了榜眼。

我们看问题的角度不同，分析问题自然也不会相同，解决问题的方法就更不相同了。在社会中吃不开的人，往往就是用一种消极的态度来看问题，所以到了最后，问题没有解决，反而让自己在社会当中更加没有地位。可是在社会当中游刃有余的人，却能够乐观地来看待和考虑问题，并通过自己的努力，最后取得积极的结果。

换个思维，海阔天空

其实，我们每个人都有属于自己的生活，也会遇到让我们自己选择精彩人生的机会，但是关键在于你对待生活的态度。态度真的决定了人生，如果你能以积极的态度去面对人生，那么，生活中的任何困难和挫折在你面前就会显得弱不禁风。

大文人苏东坡有一次被贬谪到了海南岛，他在海南岛上的孤寂落寞与自己当初的宾客如云相比，简直就是两个世界啊，但是苏东坡却认为，天地之大，在孤岛上生活的，也不单单只是他一人；其实大地也是海洋中的孤岛，只是大了点，所以，苏东坡觉得，只要能随遇而安就会快乐。

在岛上，他天天都能吃到孤岛的特产，苏东坡觉得很幸福，他甚至想，自己要是能够永远留在此地多好。

可见同一件事情，我们完全可以用不同的处世态度来看待，自然最后得到的结果也不一样。

人生没有绝对的苦与乐，换个角度看问题，你将会觉得人生快乐无

比。正如海伦·凯勒说的:"面对阳光,你就会看不到阴影。"拥有一个积极的处世态度,我们的心里就充满了阳光!

所以,无论在什么情况下,遇到什么事情,一定要记得转变思路,对于表面上看似消极的事情,我们争取看到它积极的一面,如同"塞翁失马焉知非福"一般,从消极的方面看其积极的一面,用积极的处世心态来看待和处理问题,这也是在社会当中应对困难与挫折的一条极其重要的处世规则。

金钱优势,有钱一定好办事

现如今,很多企业都获得了具有良好的发展前景的项目,但是,很多企业却因为资金不足的问题最后胎死腹中。那么应该怎么办呢?难道我们只能眼巴巴地看着大好机遇流失吗?其实,在这个时候,我们不妨尝试在金钱上与人合作,能够用别人的钱来发展自己,让别人的死钱变成自己的活钱,通过财智实现双赢。

美国商业界的大亨丹尼尔·洛维格的故事

在借别人的钱来开创自己的事业方面,美国商业界的大亨丹尼尔·洛维格就是一个成功的典范。

丹尼尔·洛维格在9岁的时候,一次偶然的机会得知邻居有一艘柴油机帆船沉在了水底,船主想要放弃它。于是,丹尼尔·洛维格向父亲借了50美元,用其中的一部分钱雇佣人把船打捞上来,又用另外的一部分钱从船主的手里面买了这艘帆船,此时丹尼尔·洛维格手里还剩下一点钱,于是他又把这艘帆船找修理工修好了,而且还转手卖了出去。就这样,丹尼尔·洛维格居然净赚了50美元。但是他知道,如果自己

第四章
你是有本事的"穷人"吗

没有父亲的50美元,他是难以做成这笔生意的。丹尼尔·洛维格发现,对于一贫如洗的人而言,想要拥有资本就得借贷,要学会用别人的钱来开创自己的事业,为自己赚取更多的钱。

正是这一次借钱生钱的经历,让丹尼尔·洛维格一直牢记在心。但是,他真正懂得借钱的价值,并且创造性地借钱生财,是他快40岁的时候了。

那个时候,他打算买一艘货轮,之后把它改装成为油轮,因为在当时运输油要比运输货物更赚钱。可是,他当时几乎一无所有,先找到了好几家银行,银行职员看见他破损的衣服领子,就毫不犹豫地拒绝了他的要求。

就在丹尼尔·洛维格快要绝望的时候,他想到了一个好的办法。他当时还有一条能够航行的老油轮。于是他把它重新修理和改装了一番,并且以低廉的价钱租给了一家大型的石油公司。之后,他就带着租约去了纽约的大通银行,他告诉银行职员,自己有一艘油轮租给了一家大型的石油公司,如果银行愿意贷款给他。他可以让这家大型石油公司每个月把租金直接转给银行,以分期付款的方式来还银行贷款的本金和利息。

由于只有一艘老油轮,而且那家石油公司的信誉非常好,于是大通银行没有要求丹尼尔·洛维格提供担保物,就直接把贷款给了他。丹尼尔·洛维格在拿到钱后,就立即购买了一艘他早已经物色好的货轮,并且迅速把它改装成为了油轮,再一次出租出去。

紧接着,他又以同样的方式,重新向银行贷款,又用带来的钱去买油轮,如此循环往复,就好像是滚雪球一样,最后,等到丹尼尔·洛维格还完了所有贷款之后,这艘油轮就属于他了。而随着一笔又一笔的贷款还清,这些油轮的租金就再也不用给银行了,全部进入到了他自己的腰包。

丹尼尔·洛维格再一次把"借鸡生蛋"的经验复制到了其他的事业上,最终他拥有了一个庞大的不可思议的跨国公司,而这个公司包括了遍布世界的许许多多的产业,一连串做储蓄放款的信贷公司,许多家旅馆，许多座办公大楼，从澳洲到墨西哥的许多家钢铁厂，煤炭和其他自然资源开发经营公司，位于巴拿马和美国的石油和石油化学工业公司，等等。除此之外，丹尼尔·洛维格还拥有一支可以和希腊船王的船队相媲美的世界性船队。

学习借款的具体方式、操作技巧等

当然，借钱也是存在很大风险的，有很多创业的人会担心，万一做生意赔了怎么办？可是，我们想一想，如果我们不冒这个险，又怎么会有机会取得成功呢？

我们作为一名企业经营者，必须要了解借款的具体方式、操作技巧以及其中的一些原则等，尽量能够规避一些不必要的风险。在现代经济社会中，借款的具体方式主要可以分为：银行贷款、企业内部融资、租赁业务、商业信用等。作为企业的经营者，我们只要认真掌握好其中的技巧，自然就可以在商场中游刃有余，解除资金上的后顾之忧。

其实，对于创业者而言，资金几乎成为了所有人遇到的最头痛的事情，一穷二白怎么开创事业呢？只能够通过借钱的方式，聪明的创业者会借别人的钱来发展自己。我们说到借，可能一般的人会认为是从亲戚朋友那里借，要么就是向银行借款。可是，还有比这更高明的借法。例如，如果你能够提前从客户那里收取费用，而之后向供货商支付费用，那么就等于是用他们的钱来扩大你自己的事业。

约翰曾经发明了一种自动售货机，结果订单很快就纷至沓来，其中一家连锁店的订单最大，数量多达600台，而且非常着急。但是在约翰高兴之余，问题也出现了。由于每制造一台机器需要5000美元，出售的价钱是1万美元。但是约翰手头的资金不多，为了能够筹集到这300万美元，他跑了很多家银行，也找了很多的投资人，但都是无果而返。

到了后来，有人建议约翰去和那家连锁店谈谈，先要求支付一半的订金。通常的情况都是在交付了货物60天内才能够付款的。但是，那家连锁店意识到，如果他们不支付订金，就无法按时拿到那批机器，这样造成的损失显然要比支付订金大很多。所以，他们很爽快地支付了订金。也就是这样，约翰顺利拿到了 300 万美元，而且还不需要付任何的利息。

因此，我们与其讨好心存疑虑的银行职员，还不如和自己的供货商或者是客户合作，因为你事业能否成功，在很大程度上关系到他们的切身利益。

我们想要让死钱变成活钱，那么就要学会用别人的资金来经营自己的事业，从而让自己赚到更多的钱，比如，可以通过向亲友借钱、借贷款等方式在自己有把握的行业进行创业或投资，获取高额利润后再偿还借来的款项。有好的时机，把握才是最重要的，如果因为手头资金不足而放弃就太可惜了。这也是企业借力法则当中最高的境界。

白手起家，完全依靠自己的良好道德

19 世纪 30 年代，上海的外商轮船一般都是停泊在黄浦江的中心，这些船员的日常生活也大部分是依靠贩卖杂货舢板船来进行买卖的，叶澄衷的小船就是这些舢板船中的一只。

当时，叶澄衷摇着小舢板以摆渡维持着日常的生计，劳累一天也只能够勉强糊口。后来，他与表哥合到一只舢板船上，力量就大了，舢板船在黄浦江往来速度也快了起来。几年以后，叶澄衷也懂得了一些英语，会说几句洋话，发展到最后，居然成为了外国商船最喜爱的购物船。

在叶澄衷 17 岁的时候，有一天，一位英国洋行的经理雇他的小舢板从小东门摆渡到浦东杨家渡的火油仓库去。这位经理的名字叫亨利，当时他的手里拎着各种东西，因为他喝了些酒，所以有点晕。等到船靠岸之后，亨利因事急心慌，匆忙离去，结果将一只公文包遗失在舢板上。

叶澄衷发现后，拉开拉链仔细把包内看了一下，发现里面居然有几千元的美元，还有很多的英镑和已经敲过印的纸票以及提火油的过印单据。

叶澄衷并没有据为己有，而是急忙放下手里的生意下了船，并且还脱下自己的外衣把公文包包起来，紧紧抱在怀里，一直等在码头上。

直到夕阳西下亨利才来到舢板船。不过，让亨利万万没有想到的是，这位小船工居然还在那一直等着他。亨利真的不敢相信这样的事实，立即抽出一叠美钞塞到叶澄衷的手中，以示谢意。可叶澄衷却始终不肯收下他的一分钱，并且对亨利说："拾到别人的钱，原物归失主，这是理所应当要做的分内事。"说着便准备离开。亨利见状，更加觉得叶澄衷是一个诚实可靠的人。于是，他再一次跳上小船，让叶澄衷送他到外滩。等到船一靠岸，亨利便拉着叶澄衷到了自己的公司。当亨利了解到叶澄衷正在做五金生意的时候，不仅答应要帮助他开设五金店，而且还当即提议：由他提供小五金，供叶澄衷代销，销后再结算本金，而且还可以代销英国的火油。

到了1862年，叶澄衷终于将他的舢板船卖了出去，不再过那种在黄浦江上漂泊的叫卖生活了。叶澄衷从朋友那里筹集到了一些资金，在虹口的美租界内开设了一家小杂货店，主要是经营一些食品、洋烛、洋线以及火油和五金等杂货。从此，他也将生意从水上转移到了陆地上。

到了1862年冬天，叶澄衷已经将小店迁往了虹口的百老汇路口，并且还扩大了商店的营业面积，取名为"顺记"洋杂货店，专门出售洋货杂物、五金零件、废旧铜铁等。

除此之外，叶澄衷还是一个非常勤俭的人，他并没有因为自己的收入增加而变得奢侈和懒惰，依旧像以前一样节衣缩食，吃苦耐劳。

每当天刚刚亮，叶澄衷就会起床来到楼下的店堂，亲自和伙计们一起从库房里面把沉重的五金货物搬出来，在店堂里面摆放整齐。然后，他会再给伙计们安排好一天的工作，包括进货和出货的数量。

有的时候，店里的伙计因为顾客太多忙不过来，叶澄衷则会亲自拉起板车将货物送到客户那里。等到他安排好店里的一切之后，叶澄衷又会马不停蹄地跑到洋行或茶楼，去接洽新的生意和业务，有的时候甚至要忙到天黑，才能够拖着筋疲力尽的身子回到店里，而这个时候的伙计们也会殷勤地为他端上饭菜，让他吃饭休息。

拾金不昧一直以来都是中华民族的传统美德，叶澄衷所表现出来的真诚也给他自己的发展带来了很好的机遇，成全了别人，也成全了自己。叶澄衷正是通过这次机会，不断奋斗，白手起家，从无到有，从小到大，从少到多，一步步走向辉煌。

亿万富翁王永庆15岁的时候，为了帮母亲减轻负担，只身来到台湾南部嘉义县县城，在米店里做小工，除了送米之外，王永庆还处处留心老板经营米店的方法，学着做生意。到了第二年，王永庆便把握机会，在父亲帮助下借了些钱，在嘉义开了家小米店。由于城市居民有自己固定的米店，王永庆的店几乎没什么顾客。16岁的王永庆便主动为顾客上门送米，并且注意收集各家各户用米情况，24小时免费为顾客淘陈米、洗米缸等。经过一番艰苦努力后，王永庆的米店经营状况越来越好，效益显著提高。抗战结束后，台湾的建筑行业迅速发展，王永庆便抓紧时机，开始经营木材，赚得盆满钵满。

1954年，王永庆与赵廷箴合作，借来50万美元，创办了台湾第一家塑胶公司，3年之后，建成投产，首批产品100吨在台湾只销售了1/5，但王永庆仍然下令加大生产，使得合伙人纷纷退出。王永庆卖掉了自己所有的资产，购买了公司全部产权，决定背水一战，也因此使得台塑公司变为他独资经营的产业。他坚信产品销路不好主要是因为价格太高，应当及时降低成本。之后，他投资成立了塑胶产品加工场——南亚塑胶工厂，直接把成品销到市场，从最开始的1200吨发展至如今的100万吨，成为了世界最大PVC塑胶粉粒生产企业，迈向了成功之路。

王永庆从身无分文的农民子弟变成亿万富翁靠的不是运气，而是他

那超乎常人的自信，仔细的调查研究、敢于进退的决定、摆脱旧框架的思维方式。

通过上述两个案例我们也能看出，成功并非偶然，你的努力终将能收到成功的眷顾，只要你善于抓住机会，善于投机，专注于自己的事业，哪怕你一无所有也是没有关系的，因为运作的过程中能够为你赚取用于投资下一项目的本金，让你在不断扩大经营的同时赚取越来越多的利润。

结识那些跟你有共同目标的人

心理学上认为：境遇相同的人会更容易相互之间产生共识。因为人与人之间是存在一定相似性的，能够引起彼此之间更多的喜欢、吸引的情绪或态度。换句话说，人们通常也会喜欢那些与自己相似的人，这也就是"相似效应"。

相似效应

在人际交往的过程中，我们就可以利用人们这样的心理来求人办事，来获得别人的支持和帮助。

我们先来看这样一个故事：

在古代，有一个姓张的人，他的虚荣心非常强。有一次，他为了得到一张非常漂亮的床，更为了向别人炫耀他有这样一张漂亮的床，于是，这个姓张的人就开始假装生病，卧床不起。当亲朋好友知道这个消息之后，都纷纷来他家里看望他。在一番嘘寒问暖之后，亲戚朋友们看见了主人的新床，不免大加赞叹一番。

当时在他的亲戚之中有一个姓尤的姻亲，虚荣心也非常强。这一天，姓尤的姻亲刚好穿了一双新袜子。为了能够炫耀自己这双非常中意的袜子，姓尤的姻亲就故意把裤管撩得很高，架起腿露出袜子，之后问道："张兄，你的病怎么样啊？是什么病呀？"姓张的人一看姓尤的姻亲这架势，心里就已经非常明白了，他望着姓尤的姻亲哈哈大笑，说道："尤弟，我的病跟你的病是一样的啊！"

其实，这个故事就是大家熟知的"同病相怜"的出处。到了后来，人们就开始使用"同病相怜"来比喻境遇相同的人之间互相怜悯和同情。

还有这样一个故事：

在很久之前，有一个人的皮肤长得非常黑。结果有一天，他在井边洗澡，就把肥皂放在了井台上。这个时候，飞来了一只乌鸦，以为肥皂是可以吃的东西，于是就一口叼走了。

洗澡的人抬头一看，一只黑乌鸦叼走了他的肥皂，于是自言自语地说道："哈哈，它和我一样黑，也需要肥皂，叼走就叼走吧！"

就是因为乌鸦长得和自己一样黑，所以，这个长得特别黑的人也就没有和乌鸦计较肥皂的事情，而这就是"同病相怜"的原因。

其实，我们每个人都具备这样的心理，因为人与人之间存在相似性，会引起彼此之间的喜欢，亲近。

换句话说，人们普遍都会喜欢那些与自己在某些地方非常相似的人，当然了，这里的相似不仅仅是指长相，还包括了个性、态度、信念、爱好、信仰、社会阶级、种族、国籍等众多的方面。

在人际交往过程中，如果我们能够抓住人们的这种心理特点，那么就能够非常轻松地解决人际交往过程中的很多难题。比如，当我们在求人办事的时候，就可以好好地利用心理学上的"相似效应"来达到自己的目的。

在一家食品公司当中，有一个小店的业务员，他的主要工作就是拖着一车货物沿街边小店进行铺货和销售。

有一天，这个小店员来到了一家小店的门前。可是，他还没有开口说一句话，店老板就对他说："你以后不要来了，我不买你的货了，你赶紧走吧，不要烦我了。"

业务员一看到这情况，心想：真不好对付啊！到底应该怎么办呢？他让自己冷静下来好好想了想，之后对店主说："我现在有点累了，能不能在您的店前面歇歇脚、稍微休息一下呢？"

店老板并没有反对，并且还给了业务员一瓶饮料，让其解渴。

在喝水的时候，业务员趁着老板有时间，就开始对店老板诉起苦来："其实，我现在也不想做这份工作了，每天遭人白眼，被人拒绝，日晒雨淋的，可是实在没有办法。我下岗半年多了，最近老婆也下岗了，生活真是太艰难了。"

店老板听完之后，接茬说道："是啊，混口饭吃真是不易啊！人活着就会面临很多的困难的。"

就这样，这两个人聊了有十几分钟。

而就在十几分钟之后，业务员把饮料放在桌子上，站起来准备离开。但是，还没有等到业务员迈出第一步呢，店老板就主动说话了："你那里有多少钱的货？"

"500多块钱的货，不多。"业务员说道。

"那你就把这些货留下吧！"店老板甚至连货物的价格、品种还都没有过问，就让业务员把货都留下了。业务员更是一脸的惊讶。店老板说道："我也是下岗之后才来做这个的，咱们都是天涯沦落人，大家都不容易。你的这些货物我先留下吧，就算大家之间互相帮个忙吧！"

店老板的态度为什么前后发差会如此之大呢？究其原因，就是"相似效应"在发挥着作用。

正是因为业务员的诉苦才引起了店老板的回忆，他们两个人都是下岗工人再就业，这样的一点相似性就在二人的情感上引起了共鸣：一旦人与人之间有了情感的沟通，那么交易就自然变得更顺利、更简单。

积极产生共鸣

实际上，我们若是从人类心理发展的角度上看问题，人类生存意义的根本体现为：最大限度地从"本能生命"这个束缚里面解放出来，进而努力去获取"超生命"本质，成为生命活动的主宰者。

如此，就意味着人类已涂抹生命"物种"之规则，超越自然本能之限制。在生命许可的范围内，人类常常用心理之认同支配生命活动，进而用心理自我决定去充当生命中的主人。这也决定了人际交往过程中，心理相似性会显得非常珍贵，人们也会更加珍惜与自己有诸多相似性的人。

正是由于"同是天涯沦落人，相逢何必曾相识"，所以，人们在漂泊、困顿之时，沦落、漂泊之情便会在内心萌发，所产生的交往障碍便会在这个时间消逝；个性之认同感、处境之艰难，都会在彼此心中产生共鸣，语言上的隔阂也就不存在了。

所以，在人际交往中，如果我们想要获得对方的支持，那么就应该学会适当地用一用心理学上的"相似效应"，首先拉近彼此之间的心理距离，用自己的心去体会对方此时的心态，让彼此产生一种知己的感觉，之后再提出你的要求，那么对方肯定会支持和帮助你的。

首因效应好，省时又省力

我们经常都会听到这样的话"先入为主"，这是大家在生活中的通俗说法。但是，在经济学领域这种现象还有另外一个名称，即"首因效应"。但是，具体的首因效应在经济学中又是被如何阐释的，还需要我们根据一些具体的故事案例共同分析学习，一起进步。

究竟什么才是"首因效应"，是不是就能用"先入为主"直接概括呢？其实所谓的"首因效应"还有一个比较简单的解释，即第一印象。而第一印象，对于任何人来说都是非常重要的。

尤其是在经济社会，许多人都在为自己的生活不断奔波。在职场或者在商界，许多人都试图在寻找一本万利的事情，或者试图达到事半功倍的效果。其实，这个问题并不难解决，那就是紧紧抓住"首因效应"，这样就可以帮助大家在很短的时间内获取最大的成功。

获得人脉要注意首因效应

两个素不相识的人，通过一次见面，就能够在彼此的心中留下完美的印象，这种感觉不仅仅只是停留在相互倾慕的恋人之间。所有的陌生人，无论年纪、性别，不分地点、场合，都可能因为对方得体的表现而产生良好的印象，那么，这样的人，无论做什么都会取得很好的结果。

一旦首因效应产生了作用，那么这种印象就不会在很短的时间内消失，更何况还可能对别人产生一定的积极影响作用。而且良好的首因效应也是彼此之间进行后续合作或者交往的主要依据。

正面的，积极的，良好的首因效应可以促就成功；而负面的，消极的，不健康的首因效应反而会致使事情越发的糟糕。只要能够清楚地了解这一信息，也许所有的事情都能够按照人们心中所想的那样朝着良性的方向发展。

所以，首因效应在人们社会交往中的作用一点也不容忽视。只要大家都能够把这个问题重视起来，也许所有的事情都可能会按照自己预期的那样发展，也一定能为自己的事业开创更好的天地。相反，那些向来都不注重首因效应的人，往往会遇到事业的瓶颈期，而且可能因为自己一直以来的行事风格引来更多的麻烦，从而既浪费时间，又浪费精力。

睿智的美国总统林肯，也曾因为朋友推荐给自己了一位不太注重"首因效应"，但的确又有才华的阁员。他只是看了一眼前来见面的阁员，甚至连思考的余地都没留地就直接拒绝了。他告诉朋友："这个人不修边幅、邋邋遢遢，所以，我自己就非常不喜欢这样的人，因此不会用他。"

很是好奇的朋友告诉他："任何人都无法选择自己的容貌，可你怎么能这样以貌取人？况且还能对别人的相貌存在这样大的偏见？"而林肯却是这样回答的："一个人过了40岁，就应该为自己的面孔负责。"

尽管那位阁员可能是某一领域的专家或者在某一方面确实有自己的一番建树。但是，在与总统见面的时候，也应当花心思去精心打扮一下自己，最起码也要给别人留下一个好的印象。阁员没有这么做，连对要约见的人最起码的尊重都没有，更不用说自己的首因效应能不能取得最佳效果。如此的做事风格，如此的心态又怎样能抓住难得一遇的机会？

首因效应能带来机遇

刚大学毕业的李静应聘到一家知名企业上班。报道第一天，就因为路上遇到车祸迟到了。随后，当李静在处理文件时，因为不懂得复印机的操作，慌乱之中就把办公室的复印机弄坏了，因此耽误了大家正常的工作。这样一来，李静在许多同事及领导的眼里简直是糟糕透了，也就是说李静在公司的首因效应并没有取得良好的效果。

同事和上司都认为李静既没有礼貌，而且还给许多同事的工作带来了不少的麻烦。逐渐地，李静觉得大家似乎都不是很愿意与自己打交道。公司里的公共设备，像公用传真机、复印机等都不会让她随便使用。而她的上司也似乎对李静产生了不好的看法，甚至都不愿意给她委派任何工作。但是执着的李静并没有因此而放弃，她极力地去做很多事情，分内的，甚至是不属于自己做的事情。为的就是，能够把自己之前留在别人头脑中的不良印象通过自己的努力尽快消除掉。

在公司，只要是自己不懂的事情，她都会主动向其他同事求教；主动找人来维修公司里那台被自己弄坏了的复印机，还帮助其他同事检测了电脑。李静一点一滴所做的一切终于改变了自己在同事中的印象。于是，大家也开始慢慢地接受了李静，平时也在工作之余和李静有说有笑。尽管这个结局还算圆满，但是，这样一个结果却是李静付出了多少努力才扭转过来的。或许，公司里的某个同事心中依然存在着李静刚来时的那个样子，这也很难说清楚。

既然很多人，往往都会被别人的第一印象所迷惑，那么也让我们更加明白了首因效应对人所产生的重要性。因此，无论我们做什么事情，都应该尽可能地保证自己有一个良好的外在形象：首先，言行举止要文明礼貌，第一次与人接触的时候，应当注意自己的语言，不能说脏话，否则，对方会觉得你没修养，并且，对人要有礼貌、讲礼节等；态度要诚恳，人际交往的过程中，人们讨厌别人虚伪、不真诚，你与人打交道时常常口是心非，别人就不会对你产生好感，第一次与人打交道应当实际求是，不能夸夸其谈，不该说的不要去说；应当注意着装、修饰，第一次接触，穿着和表面修饰非常重要，日常生活中，我们经常会看到有人穿得男不男女不女的，让人觉得不舒服、别扭，甚至会反感。尤其是我们知道在做某件事情潜藏着什么样的良好机遇时，更应当注意自己的形象。

虽然，有句俗话说的是"路遥知马力，日久见人心。"但是现在的我们既要拥有"日久见人心"的实力，也要尽可能地争取"首因效应"带给我们的巨大收益。总之，良好的第一印象，一定可以成为将来成就大事的资本。

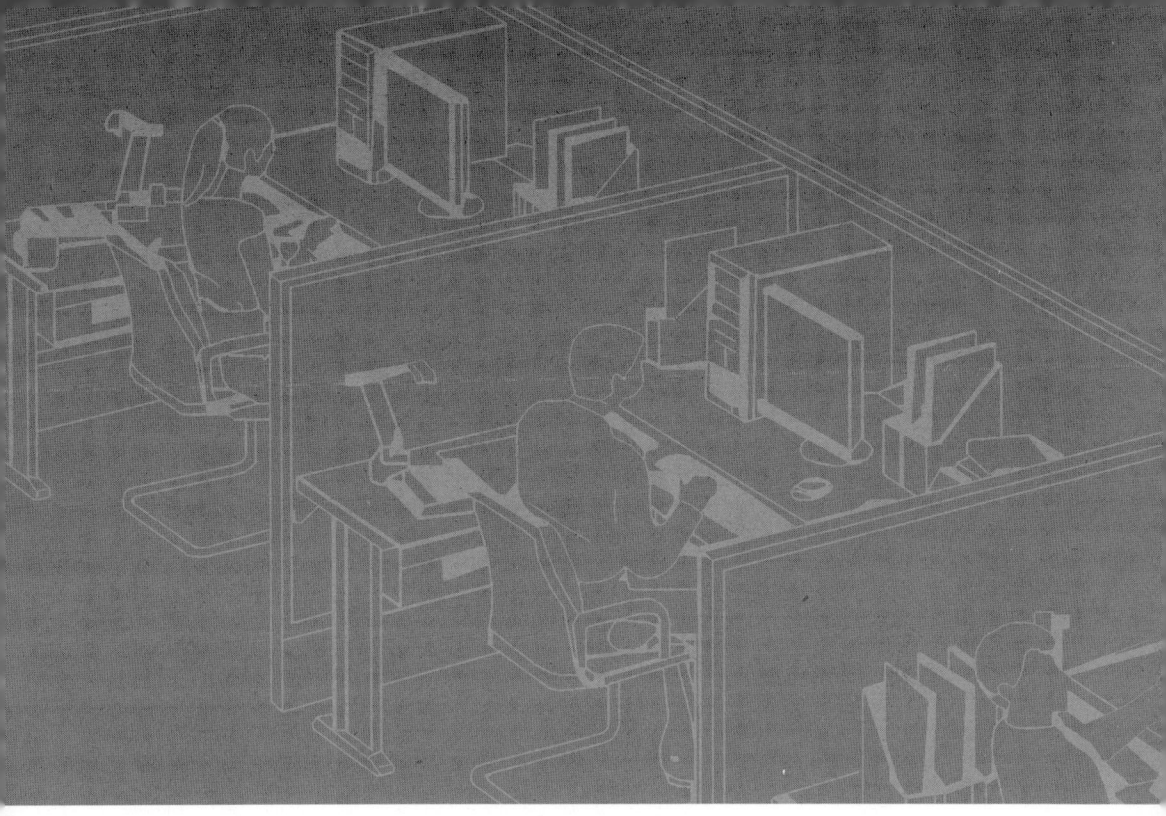

第五章

马无夜草不肥,人无外财不富

第五章
马无夜草不肥，人无外财不富

打工不是没有出路的，关键在于你是否对自己所处的打工环境、打工平台、打工前景有着一个清晰正确的判断，在原有的打工基础上是否拥有足够的勇气和魄力去开创自己新的人生，请记住：马无夜草不肥，人无外财不富！

富还是穷，在于你的一念之间

对于大多数人而言，之所以跟钱之间存在一条不可逾越的鸿沟，就是因为他们还不知道钱的活动能力。钱，跟人一样，也是具有生命的。每一元钱就好像是你的一个员工，你的目标是让你的员工能够勤奋地工作，最后经过时间的沉淀，人员才会日益壮大，工作效率也就会越来越高，这样他们就会帮助你赚取更多的钱，积累到一定财富的时候，你就可以早日去享受退休的生活了。下面为大家介绍六条关于财富的法则，也许你能够通过这六条法则完成穷与富之间鸿沟的逾越。

第一条：了解小钱的威力

我们经常会听到身边的人这么说："我非常想投资，但是没有资金。"其实这些人对投资的认识存在误区，认为既然是投资，手中必须有一大笔钱才可以。总认为自己手中的钱不够，因为他们认为一次性投资的资金怎么也不能少于万儿八千的吧，否则投资就没什么意义了。

但是，不知道你可曾想过，即便是富豪，也是从1元钱攒起的，财务自由不可能一天实现。

有个姓汪的太太，刚刚到美国时在餐厅刷盘子，但是她将各种遗弃的旧瓶子攒在一起卖钱，哪怕看上去不值钱的东西她也没有放弃过。现在，汪太太的资产已超过千万，她所拥有的积蓄都是从外人看不上眼的小投资开始的。当然了，并不是说必须要这样朴素才能积攒财富，不过这个案例却在提醒我们，千万不能忽视小钱的威力。

第二条：做好财务自由的准备

我们应当明白，现在节约下来的每个1元钱，都会是将来财务自由的奠基石，攒钱如此，花钱也是如此。花10元钱和花20元钱仅仅从一次上看没什么区别，但是时间一长，产生出的贫富差距就会非常悬殊。

钱始终在为你工作，你所拥有的钱越多，工作的效率就会越高，受益也越来越显著。一旦你拥有一定量的资金，你就不用再去给别人打工了，可以做些自己喜欢做的事情，如创业等。所以，如果你现在有收入，那么就要从今天开始积累财富，可能每次只能积累几元或十几元，但是时间久了，微不足道的积累越来越多，积累的财富到一定程度便会成为实现财务自由的坚固基石。

第三条：为你的将来做打算

几年前，曾有个朋友告诉我，她最不想投入的就是股票产品，因为她不愿意等到10年后才变成富婆，她想要马上有所收获，享受眼前的生活。朋友的这种思想有个弊端，如果10年之后，不出意外的情况下，她仍然活着，到了那时，她将面临一个问题：现在究竟有没有比过去过得好？因为当时的生活条件由过去做的投资决定，所以，不妨从现在起为自己的将来做充分准备。

第四条：买公司股票代替买其产品

很多人都在迷惑，自己为什么总也攒不下钱？总觉得自己的钱都花到了投资理财上面，可却看不到任何回报。实际上，道理再简单不过，他们购买的是公司产品，而并非公司本身。

美国对有钱人（年收入22.5万或持有300万资产）进行了一项调查研究，结果显示，富人会将自己全部收入的30%左右用于投资或储蓄，虽然并不能说明他们一定能致富，但却是他们富有的重要原因。当你忍痛改变自己以前的消费习惯时，彻底摆脱做金钱奴隶束缚之时，那就有可能进入到富人行列中了。所以，你所要做的不是忍痛改变，就是满足现状。

第五条：钱多并不是关键

钱的多少并不能解决你的问题，它如同一个放大镜，能够折射出你的某些非常现实的习惯。想要变成百万富翁，如果你的工作给你开出的薪水是18万/年，最坏的打算就是你要同时找6份工作，赚取100万的同时，你的身体也已经垮掉了。不过，现实生活中，很多人每年都可净赚100万，并且他们只拿一份薪水，可却仍然不断有入账。实际上，二者的区别就是，智者并不会将目光放在存折薄厚上，而是看如何可以让存折中的钱高效运转、流通起来。

第六条：不走前辈的老路，除非他们是富翁

这个世界为智商低者所下的定义为：他们常常重复地做同一件事，却奢望得出不一样的结果，若是你不希望自己像父母那样过着辛苦、枯燥的生活，却一生清贫的话，就不要重复他们的生活，必须从父母那代

人的思想中解放自己，对理财进行重新认识、控制。

为了实现父母没有达到的财务自由、成功，你需要做两件事，首先你要严格控制自己的负债，无论进行哪一项投资前，都应当考虑好是否要先用这笔钱还清债务。其次，还要考虑将投资、财务储蓄永远放到人生中的重要位置，这一点考验的是你的坚持不懈的毅力。

作为个人来讲，不管你需要的是现金收入还是长期的股票增值，成功的实体投资才是你致富的关键。先拿出一部分存款做一些小买卖，逐渐建立你的企业，相信会慢慢让你获取长期的投资回报和可观的前景。

拼一拼，人生需要一种魄力

一个人最怕的不是缺钱，而是失去了激情；现如今，即使你是一个有激情的人，或许还一无所有，但是相信总有一天会变得腰缠万贯；而一个丧失了激情的人，他是难以获得成功的，就算他现如今拥有了一笔财富，迟早也会逐渐失去。

在生活中，伟大的创造，离开了激情是无法做出的；这也正是一切伟大事物激励人心之处。离开了激情，任何人都算不了什么；而有了激情，任何人都不可以小觑。

成功取决于个人的激情

的确，成功与其说是取决于人的才能，倒不如说是取决于个人的激情。著名音乐家亨德尔在小时候，家人不让他碰任何乐器，不让他去上学，哪怕是学习一个音符。但是他经常半夜里悄悄地跑到秘密的阁楼里去弹钢琴。

莫扎特孩提时，每天需要做大量的苦工，但是到了晚上他就偷偷地去教堂聆听风琴演奏，把他的全部身心都融化在音乐之中。

巴赫年幼的时候只能在月光底下抄写学习的东西，他点一支蜡烛的要求也被蛮横地拒绝了。而当那些手抄的资料被没收后，他却没有灰心丧气。同样的，皮鞭和责骂反而使儿童时代充满激情的奥利·布尔更专注地投入到他的小提琴曲中去。

拥有激情的人，他的内心永远是一片艳阳天，就好像是有一团烈火一样，每天推动着他不断往成功迈进。比尔·盖茨常说："每天早晨醒来，一想到所从事的工作和所开发的技术将会给人类生活带来的巨大影响和变化，我就会无比兴奋和激动。"比尔·盖茨的这句话阐释了他对工作的激情，在他看来，一个成就事业的人，最重要的素质是对工作的激情。他的这种理念，成为微软文化的一种核心。在他的感染下，微软的员工大多数都成了富有激情的工作狂。

记得在一次圣诞节，一位记者跑去微软采访，发现一位员工还在办公室里拼命地编程序；记者好奇地问："这么好的节日你不用去陪你女朋友吗？"那员工指着电脑，淡淡一笑说："它就是我的女朋友！"微软有许多员工为了工作，把床铺都铺在办公室里，半夜来了灵感还爬起来工作，就是这种激情像基石一样让微软王国在IT界傲视群雄。

激情是一个人的灵魂

英特尔公司的人力资源总监曾对记者说："从人力资源的角度来讲，我们愿招的'英特尔人'首先应该是一个非常富有激情的人，对公司有激情、对技术有激情、对工作有激情。可能在某个具体的岗位上，你也会觉得奇怪，怎么会招这样一个人？他在这行既涉猎不深，年龄又不大。实际上，他富有激情，与他谈话后，你会受其感染，愿意给他一次展示个人才华的机会。"的确，一个富有激情的人是一个极具潜力和创造力的人，一个人平时只能展现他能力的20%～30%，而一旦点燃了激情，潜能将被激发到70%～80%，他所创造出的成就会比普通人大得多。

美国曾经做过这样的科学实验,两位心理学家在一所小学的一到六年级中,分别选出3个班级进行一次"发展测验"。之后,他们列出有优异发展可能的学生名单,同时用赞美的口吻通知相关老师。8个月后,他们又到这所学校进行相同的测试,结果发现,由于外界的肯定,名单上面的学生都变得十分自信,他们的心中充满激情,做事积极向上,主动努力学习,有了显著进步。并且,这些学生的性格变得更加开朗,他们的好奇心也有所增强,敢于提问,也敢于发表意见,与老师相处得非常好。岂不知,这事不过是心理学家进行的期望心理实验,所谓的"名单学生",不过是他们随机写上去的,他们用"权威性的谎言"暗示老师,使得老师们对名单上学生非常有信心,虽然老师始终将名单藏在内心深处,可却在下意识的热情下通过眼神、微笑、语调等不自觉地鼓励着学生,就好像皮格马利翁的角色。这个著名实验,被后人称之为"皮格马利翁效应"或"罗森塔尔效应"——激情的力量。我们每个人都拥有优秀潜质,但大部分人却对自己不自信,致使缺乏奋斗激情,以及积极进取的动力。

有很多职场人士每天行尸走肉般地过着枯燥的职场生活,每天灰溜溜地去上班,在公司里混上八小时,就这样朝九晚五地浪费自己的青春,数十年如一日,平平淡淡。并不是他们能力不行,而是简单枯燥的工作消磨了他们的激情。许多人将仅属于自己的晚上时间还拿去休闲,从来没有去探索过自己的成功之路,整天茫然地随波逐流,这只是他们没有找到自己的奋斗目标,没有找到自己生命的价值,而将激情埋葬在内心深处。如果你想改变现状,给自己创造一个全新的生活,那你必须找到你的激情,而这就需要你去探索自己的兴趣和特长。很多人从来没有发挥过自己的特长,也没有做过自己感兴趣的事,所以也没有创造过什么大的价值来让自己身心受到鼓舞;而如果你找到了你的兴趣点和自身优势所在,并把它发挥出来,你就会在一步步成功中点燃自己的激情,逐渐成就一番事业。

第五章
马无夜草不肥，人无外财不富

因为成绩极差和家境贫寒，他只读了小学六年级，就去了一个建筑工地做小工，当时他只有13岁。他不甘心在充满危险的建筑工地待一辈子，便决定以玩魔术为职业，历尽艰辛，他终于在26岁那年荣获世界魔术比赛亚军，从此成为具有国际影响的魔术大师。他叫翁达智，广东新会人。

翁达智从上小学的时候就非常喜欢魔术，年纪不大，却会玩很多魔术游戏。1989年时，年仅16岁的翁达智做出了个惊人决定：到美国观摩魔术大会。他将自己三年来赚取的全部积蓄都拿了出来，还跟一位工友借了些钱，他的这个举动惹怒了家中的所有人，父母非常生气，差点就不认他这个儿子。他义无反顾，顶着家人反对的压力去了美国，当时，他以魔术师的身份办了签证，到达会场，却被告知一定要通过考核才可参加。当着众多魔术师的面，翁达智表演了"空钩钓鱼"的魔术。他拿起一根渔竿，走到坐满魔术师的台下，甩下竿子，刚刚还空着的渔竿突然钓上一条金鱼。美国魔术协会主席走上台去，拥抱他说："你这个魔术不但能够过关，还获得了参加比赛的资格。"从美国回来后，翁达智将全部的身心都投入至自己的魔术事业中，他的"吉尼斯人体切割"非常奇妙。一次，新会市某家著名百货公司派人邀请翁达智到他们的分店进行开张表演。公司请了很多人，包括政府官员、歌星、相声大师、报社记者……当他与请来的助手上台时，台下响起了议论声：一个十几岁的孩子怎么可能表演出什么奇特的魔术来？翁达智却显得非常冷静，先是用刀割破助手的喉咙，之后又将他的身体分成三段，而后他给助手盖上一块红绸布，表示了一阵的痛惜后，才缓缓地掀开绸布，令人惊奇的一幕出现了，助手身上伤全部消失了，身体恢复到原来的模样，眼睛开始转动，之后站起身来……霎时间，台下掌声雷动，翁达智也从那之后出了名。他的事业一步步飙升：省电视台开始录播有关翁达智的魔术；他在广州开了魔术刀具店；到世界各地进行魔术表演。

翁达智的成功让人思考，一个建筑小工与一个国际魔术大师无论是事业的成就、赚钱的能力、社会声望都是无法相比的。那么，建筑小工四个字后面加了什么，才变成了国际魔术大师？那就是激情！从七八岁开始，他就开始了自己的魔术人生，20多年痴心不改；他拥有一种做大自己的心劲，正是这种心劲支撑着他一步步走向远方。最近非常走红的魔术新星刘谦，也有类似的经历，因为热爱魔术而把心血都扑在魔术上，结果凭借春节晚会时在中央电视台的精彩表演而一炮走红。许多成功的人都是陶醉于自己的事业之中，去探索生命的意义，去享受自我价值实现的喜悦。像牛顿数十年如一日，陶醉于物理学研究之中，甚至连饭都顾不上吃；路遥写《平凡的世界》，一天要写十八九个小时，常常通宵达旦，累得两眼流血；书写完了，自己也燃烧成了灰烬；像这样的例子举不胜举。他们原本也是平常之人，就是在工作中找到了自己最爱做的事情，以至于每天融于事业中，结果他们在成功路上越走越远……

背靠大树好乘凉

在现代社会中借力的手法已经被广泛应用到了政治、经济、文化以及外交等各个领域，特别是对于人际交往而言，借力已经成为了人们使用最多的一种交际手段。

我们每个人都希望能够得到他人和社会的认可，而借用名人来提高自己的名望，社会知名度，其实这就是获得他人和社会认可的一条捷径，当然了，这也是结交新的朋友，建立新的人际关系的一个好方法。

借力策略

在现在的许多商业广告中，我们往往会发现商家不惜花费重金聘请名人，而这就是借力策略。所谓借力策略，就是借助外在力量在营销过程中获得更高的关注度、更好的营销效果。

当然了，商业上的成败是由细节决定的，很多时候也会出现这样的情况，就是明明已经过了一关，可是下一关却很难过去了，如果这个时候我们能够使用一下借力策略，也许问题就会顺利地解决。

曾经有一个日本的出版商人，就是靠着日本首相的威名，不仅把积压的图书都给推销掉了，而且还取得了非常可观的经济利润。

有一次，这位日本出版商为自己仓库里面堆积如山的图书卖不出去感到非常发愁，可是他忽然心中出现一计。

就这样没过几天，他就通过自己的朋友把这本书送给了日本首相。当时日本首相仅仅是看了这本书几页，就漫不经心地说道："这本书不错。"当出版商听到这个消息之后，于是就利用日本首相的这句话大做文章，结果一个月不到所有的书都卖光了。

可是没过多长时间，他又遇到了一批积压的书，于是这位出版商又想起了他的那位朋友。可是这次当他的那位朋友把这本书给日本首相看的时候，日本首相也变聪明了，他什么话也没有说。

没有想到这位出版商最后还是在书籍的广告语中写道："这里有一本首相认为很难评价的书。"结果，就这样所有的书又被一抢而空。

其实想要结交名人的人是大有人在的，如果我们能够跻身到他们的行列，那么在别人看来你的身价必然会大增。

去寻找贵人

贵人的脸上没有贴着标签，我们从外表上看不一定能够看得出来。贵人往往都是隐藏在我们人生道路当中的，需要我们去寻找。如果我们不懂得去寻找贵人，那么很多贵人就会从我们身边溜走。

很多人不明白什么是贵人，贵人其实就是对你有所帮助，愿意在你遇到困难的时候帮你一把的人。贵人帮助你往往是不求回报的，很多时候他们更喜欢主动来帮助你，但是如果你想让你身边多一些贵人，那么你就要主动去寻找，去结识，这样才能得到更多贵人的帮助。

特别是当你来到一个新的环境中,你应该学会观察,看看哪些人有可能成为你的贵人,然后你就要学会主动靠近他们,并且懂得与他们进行沟通,即使分开之后也要经常与他们保持联系,这样一来他们就会在自己的脑海中对你留下深刻的印象。所以说,对于每一个在你困境当中来帮助你的贵人,都不会是无缘无故来到的,而是你之前寻找、培养的结果。

郭云和思琪毕业于同一所大学,而两个人又被分配到了同一家单位。两个人本来还为成为白领而高兴,可是没有想到公司实行了新的人才培训方案,要求新进员工必须先到车间去实习一年之后才能够回到办公室工作。

当郭云听思琪说在车间工作每天都要加班,有的时候周末也无法休息,天天接触的都是油漆,机器的轰鸣声后,就开始想办法希望可以不去车间实习。

想要改变这种情况可不是一件容易的事情,她们两个人琢磨了很久,最后决定一定要找一个贵人帮助。

当时郭云盯住了生产部门的王总经理,结果在几天之后的新员工欢迎宴会上,郭云主动坐在王总经理的身边。

王经理是一个非常和蔼的人,他问了郭云之前在学校里面的情况,以及她来到公司之后对公司的发展有什么好的建议。新员工的欢迎宴会持续了两个多小时,而也就是在这两个小时里面郭云通过与王经理的聊天,让王经理记住了自己。

第二天一大早上班,王经理就请郭云来到自己的办公室,说道:"通过昨天的聊天,我发现你很有想法,有发展的潜力,我的秘书前几天刚走,你就接替他的职位吧。"就这样,郭云利用王经理这个贵人,摆脱了去车间的命运。

思琪也使出了寻找贵人相助的招数,但是她找的不是生产部门的王经理,而是负责新员工培训的人事经理李女士。

在新员工的入职培训期间,思琪主动帮助李经理进行布置会议室,采集每一个新员工的信息等等一系列的工作，看起来就是李经理的秘书。

结果，很快李经理就找到了思琪，说道："现在我手下有一个空缺的位置，不知道你愿不愿意来？"思琪听完之后简直是欣喜若狂，满口答应了下来。

最后，郭云和思琪都通过利用贵人的帮助摆脱了要去车间实习一年的命运。

要想取得成功，当然离不开我们自己的努力，但是更不能忽视别人的帮助。所以我们一定要主动去寻找贵人，千万不可守株待兔，这样才能够及早培养你的贵人关系，你才会得到更多贵人的帮助。

那么如何寻找和培养贵人关系呢？多花时间在人际交往上，真心地与人相处，就能够获得相当大的人脉，这其中，必然拥有你的"贵人"。寻找到贵人之后，想要得到贵人的帮助我们首先应当拥有正能量，不要以为贵人相助靠的是运气，只有你提升了自己的品味和素质之后，贵人才能信任你、欣赏你。并且，你应当努力拼搏，善于抓住机遇，让贵人赏识你，愿意去帮助你。当贵人帮助你时，你应当牢牢抓住机遇，勤奋努力、敬业、拼搏，持续提升专业能力，做出成绩，让贵人脸上有光。

当然，我们更应该明白，人生每个阶段所需要的贵人是不一样的，为此我们就需要建立和维持一个良好的贵人网络，从而寻找到不同阶段帮助我们的不同贵人，让我们的人生每一步都可以得到贵人的帮助。

研究市场规律，紧紧抓住商机

在商场当中，机遇常常是转瞬即逝，在机遇面前能不能做到果断地进行科学决策，对于一个企业的成败起着至关重要的作用，甚至可以说是决定性的作用。

中国儒家讲求"天时、地利、人和",而兵家讲求"势",道家讲求"道",这些其实都是在说成功者必须顺应规律,抓住机遇。

《史记》中说:"子贡好废举,与时转货赀",这就是指子贡在经商的时候能够估计到市场的变化,从而获得有用的信息,抓住机遇。

所谓的"废举",在南朝裴骃的《史记集解》中是这样解释的:"废举谓停贮也。与时谓逐时也。夫物贱则买而停贮,值贵则逐时转易,货卖取资利也。"而在《战国策·赵策》当中也指出:"夫良商不与人争买卖之贾而谨司时。时贱而买,虽贵已贱矣;时贵而卖,虽贱已贵矣。"所以,我们从这里可以看出,作为一名"良商"最基本的素质就是"司时",而用现代的话讲就是善于捕捉机遇。

机遇是打开成功大门的一把"金钥匙"

机遇就是指打开成功大门的"金钥匙",我们应当抓紧它,在此之前,我们要做的就是了解机遇的特点。

第一,普遍性。只要拥有市场和经营活动,那么,从客观的角度上说,就会存在经营机遇。

第二,偶然性。实际上,这是"踏破铁鞋无觅处,得来全不费工夫"的最佳诠释。

第三,消逝性。机会的出现和客观条件之间总有一定联系,当客观条件出现变化时,经营机会便会随其消失或流逝,此即为我们平时所说的"机不可失,时不再来"。

第四,开发性。现在,世界上的很多大公司每年投入大量的研究开发资金,研发出新产品,并且为自己创造机遇,引导消费者占据市场。从这里我们也能看出,机会能够创造出丰厚的利润,并且,这也刚好证明了充分地利用机会非常有必要。

子贡所处的是春秋末期,此时已出现铁器牛耕,大大提高了社会生产力,商品经济发展至繁盛阶段。

作为"达人""哲人"的子贡刚好从对社会的观察、思考里面领悟出社会经济和个人致富之原理。

而且，子贡见多识广，反应灵敏，富有经商头脑，能够迅速掌握市场信息，准确预测物价涨落，因此，他自然成为家累千金的巨商。

适应时代变化和发展的智谋

现代的商场其实也正是这样，一个成功的儒商不仅仅是有道德、有文化的商人，更为重要的是应该要有适应时代变化和发展的智谋和远见。

可能他们既不同于那种鼠目寸光，甚至是斤斤计较于毫厘得失的小商小贩，也不同于那种腰缠万贯，却除了钱什么都没有的暴发户，而是一个能够反映时代精神，满足现代市场需求，甚至可以说是推动社会经济和人类文明进步的现代儒商。

就拿现在我们大家熟知的微软来说，它之所以能够取得今天的成就，最大的成功之处就在于准确地预见了人们对新科技的需求。

在当时，计算机仅仅只是用于工业和军事的"大家伙"，而微软却是在那个时候开发出了用于个人计算机（PC）的操作系统。随着PC技术的日益成熟和发展，计算机也渐渐走进了人们的工作与生活，成为人们不可或缺的工具，所以，微软也开始变得越来越赚钱，成了世界500强企业，比尔·盖茨本人也成为当今的世界巨富。

俗话说："处处无心处处空，处处有意常有金。"可见，要想获得有价值的信息，要想成为一个成功的商人，那么首先你就必须做一个"有心人"。做"有心人"，主要应该从以下几方面入手：做好工作中的每件事；适度了解领导心理；时刻关心同事需求。这样一来，你就能够协调好工作和人际关系，做起事来更加得心应手。

人脉小投资,可换来大回报

世界上所有事情的发生、发展都是靠人来完成的。因此,让我们知道了人的力量是多么的强大。而人与人之间的关系与人脉更是创造出了更多的经济价值,经济社会的人们无论做什么事情总是会计算所投入的成本与最后的收益。

凡是有形的资产行业,投入的成本越多,有时候获取的收益反而非常有限,也就是利润率较低,但是人脉往往带给人们的财富是无法衡量的。

获取人脉需要一定的投资

获取人脉有时候也需要进行一定的投资,当然,不同的人也许会有不同的看法:有些人认为在人脉方面只需要小小投资,如果打开了一定的僵局,彼此之间出现了交流或者有了可以利用的共同资源,这就是一种双赢的事情。也许付出的可能是金钱方面的资本,但是收回的却是一笔无形的人脉资产。

也有相当一部分人会觉得,只要自己顺其自然地维护好自己身边的人际关系就行了,简简单单,也不用自己刻意地在这方面投资,因为用金钱换来的朋友大多都是唯利是图的人,不可能是真心实意与自己交往的。

善于利用人脉的人,大都愿意花点时间或者精力去不断结识新朋友,也会时不时地找找老朋友,与他们聊天、叙旧,从而表达彼此之间更多的情感与需要。也许不久的将来,他们还可能为自己的事业发展或者生活的顺畅增加些力量。

不善于发展人脉的人,总是害怕新结识的朋友或者之前的故友浪费自己的时间与精力。他们认为：与其花时间结识新朋友，还不如自己干点自己的事情；与其花精力、金钱陪老朋友吃吃喝喝，倒不如自己享受生活。总之，他们就是不愿意在自己认识甚至是熟知的人身上进行丝毫的投资，在他们心中这样做也是没有任何意义的，因为他们不能立马看到回报。

但是相比较而言，往往都是善于利用人脉的那部分人，无论是从生活质量还是经济状况来说，都要比那些不善于利用人脉的人要好得多。无论一个人有多强大，或者多有能力，但是依靠自己的力量总是有限的。

哈维·麦凯，著名的国际人际关系大师，他从很小的时候，就受到了来自于父亲的教导："麦凯，如果你想成功，从现在开始，你要关心自己所见到的每一个人。"懂事的麦凯听了父亲的话，他会从自己身边的每一件小事做起，几乎会把身边所有认识他的以及他认识的人名还有一些自己了解的相关详细信息统统记录下来。之后就会在某个特殊的日子里给那些人送去关心或者惊喜。

正是因为麦凯自己所付出的种种努力，使得他在后来的工作与生活中得到了许多人的帮助与支持。他不但通过自己积累的人脉，结实了许多行业的优秀人物而且还认识了美国政界、新闻界还有体育界的好多知名人士，而且那些人都在不同程度上对麦凯表示出一定的钦佩。或许是因为麦凯往往能在恰当的时间里给别人送去最温馨的祝福，这就很难让别人轻易忘记他。更何况是一个积极向上的人，别人又怎忍心去拒绝他？

麦凯的所有付出都没有白费，因为他在人脉上舍得投资，所以他后来的事业做得也是有声有色，最终也取得了很大的收获。成功的人，往往都是那些比较注重人脉聚集的人。世界首富比尔·盖茨，他的成功就主要来源于他对人脉的科学经营管理。

在微软的创业初期，比尔·盖茨就充分利用了人脉资源。他的合作伙伴，保罗·艾伦和史蒂芬都为微软做出了很大的贡献，不仅仅用上了他们自己的聪明才智，而且还不断利用自己所拥有的人脉关系，从而使得微软的事业越做越大，越做越好。

比尔·盖茨曾说过："在我的事业中，我不得不说我最重要的经营决策是必须挑选人才，拥有一个完全信任的人，一个可以委以重任的人，一个为你分担忧愁的人。"这句话，足以体现出了人脉的重要性。即使是一个外人眼中的强者，也必须依靠别人的帮助。而往往越是成功或者强大的人，他们的身边必定存在着无数的隐形人脉关系网。

想聚财，先聚人

无论是谁，只要是想聚财，首先必须学会聚人；因为只要有了一定的人气，也就是所谓的人脉，就必定能够招来财气。若是想真正地做事情，就必须让自己走出自己狭小的人际圈子，去不断地主动结识更多的人，让自己的人脉关系得到更大的拓展；只有具备了广阔的人脉关系，才能够更容易地获取成功。

人脉，一种非常奇妙的关系。这种关系有时候很神秘，有时候又很简单。但是绝对遵从了经济学的最基本规律——有投资就会有回报。或许在某种程度上，人脉还存在着违背经济规律的嫌疑，那就是人脉上的小投资，有时候却可能得到巨大的回报。

也许正是验证了那句话："人生赚钱各有途，20岁靠体力，30岁靠思维，40岁则靠人脉。"由此可知，人脉资源对于人事业的发展与成功有着密不可分的作用。而维护良好的人脉圈则是走向成功的必经之路。正所谓人脉是金，却胜似黄金；黄金有价，而人脉无价。

注重细节是成大事者必备的品质

有一句话说得好："做大事者不拘小节，成大事者注重细节。"老子也曾说过："天下大事，必做于细。"由此可见，想要开辟一番事业，必须从细微之处入手。

从小事情做起

成功者大都有一个共同点，就是他们甘于平淡，能够做好每个细节，从小事情做起，抓住生活中的每个细节。

比如，船板上缺了块木板，不但会影响到船的美观，还可能会导致船底漏水，甚至导致船沉海底，观察船板情况，就是是否注重细节的表现。

注重细节可以促使事业的成功。成功人士和平庸人士之间的区别就是成功者可以抓住稍纵即逝的机会。细节如同人体细胞，虽然微小，却有着举足轻重的地位。

把握住细节就能在无声之处听到惊雷，可以找到人生的突破口。每个人的成长和成功都离不开细节，从小事做起，从小的地方见真知，就能够为成功打下基础。忽略了细节，不愿意从小事入手，你的理想就会如同沙滩上的城堡，经不起风吹雨打和海浪的拍击。

有位面试者，同时在几家公司投了自己的简历，有一天，其中一家公司的经理打电话和她联系，接电话的时候，她竟然问了一句："你是什么公司。"她的面试机会就被取消了，简简单单的一句话，却反应出了她的失礼，以及对面试单位的不重视。

这就是细节体现出来的真知。俞敏洪曾多次提醒大学生，就业的过程中切忌三心二意，选择了某个职业，就要一心一意地做好。这种从小事做起，做好每一件小事的态度，很容易让你受到老板的重视；面试的时候，注重礼节，注重细节，只有这样才能给面试官留下深刻印象，你才有机会进入自己想从事的行业中。

态度有时候是一种细节

比如,做工作的时候是否尽了自己的全力,争取将所有的工作做好;工作上有了漏洞,出现了错误,是否及时改正;你的办公桌是否保持清洁卫生等,都是细节工作。

坚持有时候是一种细节。有时候厌倦了工作,打不起精神继续,就要回头想想,自己之前日日夜夜的拼搏即将功亏一篑,然后努力改变自己的心态,心平气和地坚持下去,持之以恒,最终在事业上有所成就。

李斯曾经说过:"泰山不让土壤,故能成其大;河海不择细流,故能就其深。"所以,想成功,必须从细节入手,细节决定着成就,更决定着成败。

曼谷的东方酒店被称为亚洲饭店之最,也是世界上的十大酒店之一,他们的服务质量非常高。110年的传统,几乎每天客人爆满,不提前一个月预定都很难有机会入住,并且这里的客人大都来自西方。

泰国其实并不发达,但是为什么会有这么发达的酒店呢?其实,他们的成功之处,就是非同寻常的服务。

他们的服务生可以记住每位客人的名字,老顾客原始菜单、位置;生日祝贺或者是在餐桌前回答问题的时候,他们都会自觉向后退一步,以免口水喷到客人的食物上。用手来洗衣服,没有塑料制品,都是陶瓷或金属合金,那里永远客满。

这就是细节的力量,当你把每件事情的每个细节都做到位之后,你就会发现,整件事看起来是那样的规整,那样的完美无缺,这就是细节的力量,它成就了"百年老店"。

一匹马,如果掉了一只马掌,就等于丧失了作战能力,损失了一位将军,败了一场战斗,输了一次战役,毁了一个国家。由此也能看出,不注重细节,很可能会丧失成大事的机会。

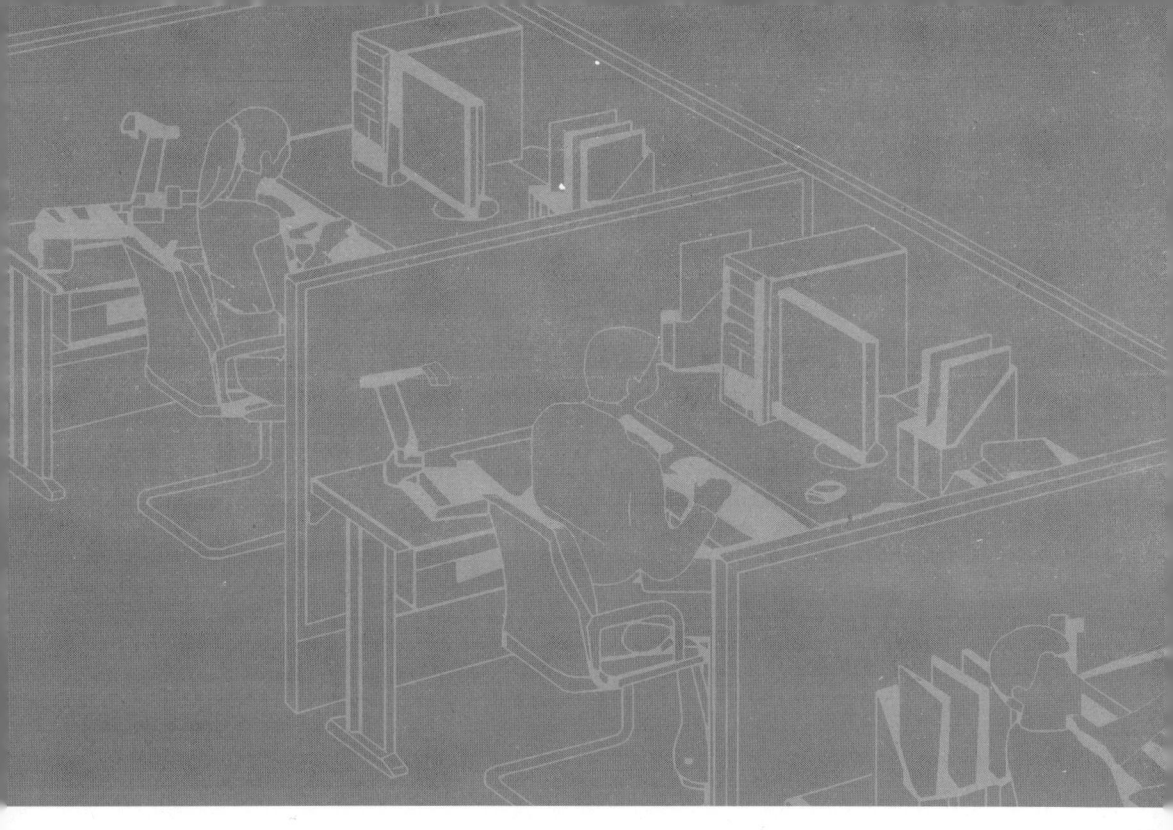

第六章

放轻松，人生处处生财有道

财富梦想不会是白日梦,人生处处生财有道,只要你对自己,对局势,对方向有着足够正确的认识,并能义无反顾地去坚持自己的判断和选择,那么,你的人生何愁不富,何愁不成功?

没有目标成不了气候

在追寻自己目标的路上,如果你遇到一座山,你要翻过去;如果你遇到一条河,你要淌过去。要相信自己能够战胜一切困难,不怕达不到目标,只怕你没有目标。

你的理想是什么

在我们小的时候,父母或是家人都会问我们的理想是什么?那时候的我们会说长大以后要当医生、老师、科学家、飞行员等等一切在我们眼中"有面子"的工作。可是随着成长,随着我们对社会的认知,随着我们对自己的了解,这些理想有的实现了,有的改变了,有的就消失了。

目标对于我们的人生有着巨大的向导作用,你选择了什么样的目标就决定了你有什么样的人生。工作中也是如此,选定什么样的目标,决定了你的职业生涯能够发展到什么样的位置。

美国曾经做过这样一个实验,就是对一群智力、学历、环境等客观条件都差不多的年轻人做一个长达25年的跟踪调查,调查的内容为目标对人生的影响，结果发现：

27% 的人，没有目标；

60% 的人，目标模糊；

10% 的人，有清晰且比较短暂的目标；

3% 的人，有清晰且长期的目标。

25 年后，这些年轻人中，那 3% 有清晰且长期目标的人都成了成功人士；10% 有清晰而短暂目标的人大都生活在社会的中上层；60% 目标模糊的人生活在社会的中下层，没有什么特殊的成绩；27% 没有目标的人，几乎都是生活在社会的最底层，各方面都不如意。

可见，有一个明确的目标对人是多么的重要。

目标要提前设定

从小就能有一个清晰的目标，并为之付出努力直到成功的人毕竟是少数。因为小时候的我们对自己的认知还不全面，现在工作了，无论从哪方面来说，我们都已经成熟了，很清楚地了解自己喜欢做什么，能做什么，所以这个时候如果你还没有目标的话，就要给自己制定一个清晰而长远的工作目标了。尤其是在工作中，如果没有目标，就无法长期在工作中坚持。

贾涛最近很是苦恼，因为他又失业了。毕业五个年头，换了七份工作，最长的不过一年。现在自己已经到了三十而立的年龄，还要挤在一群年轻人中去应聘，他有点胆怯，因为到现在他都不知道自己该做什么工作。

贾涛的第一份工作是在职业学校当老师，开始的时候他还觉得这工作不错，体面而且又轻松。后来由于自己所教的班级成绩不理想，受到了学校领导的批评。这样贾涛的信心大受打击，他怀疑自己是不是适合这份工作。对自己表示怀疑以后，贾涛越来越没信心，最后只好选择辞职。

第六章
放轻松，人生处处生财有道

第二份工作是贾涛的同学介绍的，在一家报社跑广告。开始的几个月，由于是新换的工作他比较卖力，拉了几宗小广告。后来因为跑广告比较累，渐渐地他就不像开始那样卖力了。这样自然影响了报社的业绩。没等老板开口，他就自己选择走人了。

接下来的工作都是这样，在挑挑拣拣中，总也遇不到自己感觉合适的，接连地更换工作，也让他对自己越来越没有信心，感觉自己做什么都不行。现在他决定先充实一下自己，想想自己究竟喜欢什么样的工作。

贾涛的错误之处就在于他没有给自己制定目标，而是等着"目标"来找他。合适的工作是要自己先规划出来，而不是像无头的苍蝇一样到处去碰。那样的结果就是把时间都浪费在适应新的工作上，往往结局就是什么也做不成。

也许有的人会认为，现在人生都已经过去四分之一了，再给自己制定职业目标会不会已经晚了。拿破仑·希尔认为：人的过去和现在都不重要，重要的是你的将来获得什么成就。所以从现在就开始给自己制定职业目标，并朝自己的目标去努力，还为时不晚。

首先，你要问问自己："未来的十年里，我准备做什么？"一个为期十年的事业规划，必然会掺点幻想，由于未来是不可知的，任何一幅"未来远景图"都不会是完整的，但是，如果没有这幅图，你就没有奋斗的方向。这个为期十年的事业规划，不仅是目前趋势的合理延伸，它还要配合价值观、信念和直觉，把可能性和心志做新的组合。有效的"未来远景图"应该是由实际可能的观念所激发。

当你找到了自己的工作目标后，就不能轻易改变，不能今天想要当律师，明天又觉得做医生比较适合自己，接着就要把这个目标分成若干部分，在每一部分都给自己规定一个完成的时间，这样一步一个脚印地走下去。

看似很简单的事情，到真正去做的时候，就会发现有很多的困难，如果你因为困难而放弃了，就等于提前宣告了失败。要坚毅地朝着自己的目标迈进，要提醒自己每走出一步，你就离自己的目标更近一步，总有一天目标就会实现。

稳赚不赔的自我投资

经济学认为任何一项投资都具有一定的风险。即使是投资经验最丰富的专家，也不敢拍胸脯说某种投资行为只赚不赔。然而，有一种投资却超脱了这种属性，而且投资越多回报也就越多，那就是自我投资！

自我投资对任何人都价值非凡，它直接地关系着一个人的人生价值的最大化程度。什么是自我投资？就是每个人对自己的未来发展趋势所投下的心力和精力。换句话说，你希望自己成为什么样的人，希望自己拥有什么样的生活，都必须早做规划，然后一步步地投入自己的精力或资金，最终达到"利益的最大化"，使梦想成真。

自我投资与一般商业性投资的区别

自我投资与一般商业性投资有很大区别，自我投资只要投入就有收益，而且时间越久，获益越多。更重要的一点，自我投资绝对不会像炒股一样，稍有不慎就会血本无归。而且，在你获益之后，就算他人再羡慕你的成就，也无法从你身上抢走半分。

从根本上讲，自我投资就是进行自我充实，包括学识、思想观念、为人处世、专业技术以及艺术修养等等，它的先决条件建立在自我开发之上。其实，每个人都有许多潜在的能力，如果不去挖掘，很可能一辈子都无法展示出来，但如果加以开发利用，它往往会产生令己令人都惊叹不已的效果。

第六章
放轻松，人生处处生财有道

吴士宏的成功

说起吴士宏，很多人都知道她的令人钦佩的传奇故事。吴士宏的成功，在很大程度上就是对自我投资的成功。

吴士宏没有受过正规的高等教育，也没有什么背景。在北京椿树医院一边做护士，一边勤奋苦读，通过自学获得英语大专文凭，再随后通过外企服务公司进入IBM公司，做"行政专员"，其实就是做打杂工作。但是她并没气馁，还是不断地进行努力和学习，充实着自我。

她自传里曾描述过一场对她来说可以说是人生转折点的考试。IBM公司有一个计算机资格考试，当时谁能通过这个考试，就可以去香港参加培训，吴士宏暗自告诉自己一定要参加这个考试。但由于她当时不具备考试资格，于是越级跑到人事部经理处三番两次地要求，希望破例给她一个机会，考不过的话，她愿意自动辞职。因为她的这一要求属于越级行为，这也引来了她的直接领导的不满，但她却一下子通过了，一些有资历的人都落在了她后面，去香港培训是板上钉钉了。

从香港培训回来后，公司安排她做了销售员，她一干就是5年。在这期间，她由于业绩非常突出，开始出任IBM华南分公司总经理。1997年，她开始担任IBM中国销售总经理。1998年，她离开IBM，受聘于微软中国公司总经理，成为了优秀的职业经理人。

"一个人如果总是在一个没有大波浪的平缓状态中生活，也许等他到白头时，回头一看，才发现那么多日子已经无声无息地过去了。"在自传《逆风飞扬》中，吴士宏这样写道。

及时对自己进行投资

或许你从不知道自己有某方面的能力或缺陷，也从不曾想要去发现，只是机械地重复着一天又一天。可能你会觉得疲惫、沉闷、无聊，但又找不出原因。这时，何不好好检视一下自己呢？除了基本资料之

外,自己尚有哪些资产?比如,自己喜欢什么,会些什么,有没有什么技能……这些资产,都不是凭空得来的,而是需要不断的投资来获得。假如一个人平常既不看书又不听音乐,既不爱旅行又讨厌动物,而且还不屑学习任何新事物,从不对自己做任何投资,这样的人生自然会很乏味。

及时对自己进行投资吧!自我投资的另一好处就是——任何时候开始,都不会迟。只要你肯,今天的投资必然会造就明天丰硕的收获。

小投入也可以赚大钱

有调查显示,受金融危机的影响,职场人的创业投资热情一路飙升,有近40%的职场人有做点小生意的打算。如果你也有此想法,而且手中还恰好有一点点启动资金,那么不妨尝试一下。有时候,一次小小的投入也可以带来很大的收益。当然,创业不是说句话那么简单的事情,它除了要有一定的资金支持外,还要选对项目、拥有足够的人脉资源和实战经验,等等。所有这些都具备的话,就看看下面这几种小投入也可以赚大钱的"金点子"吧。

第一种:男士内衣店

很多人都说,女人的钱是最好赚的,因此,多数服装厂家、商家将主要精力投入至女性市场,男性市场却长久地被忽略。虽然很多厂商瞄准这个盲区,但经过一番调查后发现,现在的男性朋友所承受的压力非常大,加上男性逛商场的时候目标明确,不想浪费时间在寻找购买商品上。所以,很多商场已为男性开辟出集中、专门场所,男性内衣店的生意也越来越火爆。

男性内衣店的投入不是很多，主要包括铺面、装修、首次进货货款。每个地方铺面的价格不等，一般 5 万～10 万元就能够启动。

开一家男士内衣店，必需要选对品牌。现在，受国内男性朋友欢迎的男士内衣主要包括两类：一类为日常型内衣，主要是纯棉面料，舒适、素雅、含蓄；另一类造型夸张，是情趣内衣。英国 forbidden 和香港 looksee 等品牌种类繁多，如家居型、运动型、前卫型等，特别是 looksee，包括几百种内衣，内地的宜而爽、三枪等大众品牌也是不错的。

其次，选址也非常重要，闹中取静，交通便利，面积 15～25 平方米即可，不用太大，店面的整体风格为：朴实、整洁。

购买男士内衣的主要是年轻男士，部分中年男士。内衣店中雇佣的店员应当以男性为主，因为这样一来，与顾客的交流就会更方便些。

第二种：婴儿纪念品专卖店

现在，市场中非常流行的婴儿纪念品主要有：胎毛笔、胎毛画、手足秀等。胎毛画就是把婴儿娇小可爱的形象和属相卡通结合在一起，之后用胎发编织成为工艺品。手足秀即将孩子的小手、小脚印通过高分子材料灌注为立体模型，同时配上各种卡通图形、父母祝福语，有着很高的纪念意义。

这类门店在选址的过程中，应当注意靠近大型医院，特别是妇幼医院，最好邻近大型社区，这样有利于集中进行市场宣传。口碑相传的力量是不容忽视的，想要获得更多客户，应当先为客户提供更多便利条件，比如，为既定区域提供免费上门服务；消费额度达到一定限度后提供一定价值的商品、服务；可以同儿科专家联系，对于目标顾客提供免费育婴咨询等，这些付出，都能够提升顾客对产品的信任度，同时认识到商家的忠诚度。

此外，由于普通门店不具备直接加工制作的条件，顾客最担心的就是所用的胎发中会掺入其他东西，或是和他们相混淆。所以，必须严格管理，做好编号、封存、存档整个流程，让顾客参与其中，并且承诺产品的可信度。

第三种："本本"美容店

虽然笔记本电脑的价格一直在下降，但是对于笔记本的个性化追求却在一直上升。现在的笔记本电脑样式趋于同质化，颜色比较单调，于是便催生出新商机——"本本"美容店。

那什么是笔记本美容呢？即对笔记本的外观进行保护、美化，以免笔记本划伤，提升其外观可视效果。现在，多数店中选择的"本本贴"皆采用防水、耐磨性强的特殊材料，其背面具有独有的网格立体构造，能够最大限度地排除粘贴时产生的褶皱、气泡。

除了"美容"外，还可在店中配备多种电脑周边产品，比如，可爱的键盘、鼠标、鼠标垫、音响、电脑包等，非常受女孩子的青睐。

笔记本美容市场主要针对的客户群就是学生，并且，这个群体一直在增长。以女性居多，男性用户则更多是选择笔记本保护方面的产品。

毫无疑问，笔记本美容是个新兴行业，但是和笔记本销售之间有着密切关系。进行笔记本美容的过程中，销售些笔记本包、鼠标等产品，也能够成为笔记本美容的副业。当然了，个性化产品搭配笔记本美容能够带来更大的市场。

第四种：DIY 饼干小店

现在的年轻人，喜欢追求个性化，送礼的时候不但要求有新意，更要求有创意。开个 DIY 饼干小店，既物美价廉，又能够体现出创意和新意，虽然礼轻，但是情义重啊。对资金缺乏而又想要独自创业的朋友来说，做 DIY 饼干不但成本低，而且风险低，但回报通常是比较乐观的。

我有个朋友，开了家"QQ饼干作坊"，仅仅从店名上看就给人一种特别的感觉。若此时配上暖色墙纸、柔和的灯光、舒适的沙发，会让人一进门就能够感受到浪漫与温馨。这样的DIY小店，店里的布置非常重要，塑造温馨的氛围也是必须的，能够吸引顾客的目光，拉近店铺和顾客间的距离。

选址时，DIY饼干作坊应当注意，开到人流量大的地方。DIY项目有着浓厚的趣味性，非常受大学生的欢迎。因此，可以将店铺开在学校附近。我的朋友把自己的"QQ饼干作坊"开在商场地下一层，那里租金低廉，相对安静，更能让顾客集中精力，享受自制饼干时的快乐。

新事物的不断涌现，对这种DIY小店也会形成一定的考验。如果顾客对DIY饼干的过程失去了新鲜感，就会影响客流，使收入减少。所以，如何维持顾客对这样的小店来说非常重要。其次，如果开在学校附近的话，其主要客户群就是学生，当学生的学业繁重或寒暑假期间，其客源也会相对减少。

创业"正时候"，选择最佳的创业时机

当有机会获利时，千万不要畏缩不前。当你对一笔交易有把握时，给对方致命一击，即做对还不够，要尽可能多地获取。

机会往往转瞬即逝

在金融市场上，机会往往是转瞬即逝的。市场上的竞争压力很大，一个机遇往往就会有很多人想要抓住它，这时候就要看每位创业者的速度了。创业者在发现一个机遇的时候，千万不要犹豫，也许在犹豫的一瞬间，机会就从手边溜走了。所以，对于创业者而言，把握机会是非常

重要的。

市场上是存在风险的，然而就是在风险中，存在着相当大的机会。很多创业者因为畏惧风险，不敢靠近它，因此就不会发现风险背后的机遇。索罗斯则是不同的，他追求风险，就是因为看到了风险背后的金子。风险的来临往往带来巨大的财富，然而这些财富却是鲜为人知的。索罗斯强调，在风险中制造财富，才是抓住机遇的最好的方法。

索罗斯善于在风险中抓住机遇，因为索罗斯认为，把握机遇就是把握金钱。对于大多数创业者来说，风险与利益并不是共同存在的，但是对于索罗斯而言，风险中仍存在着相当大的利益。索罗斯善于抓住机遇，主要是因为索罗斯有一套自己的投资方案。索罗斯认为，能在风险中求生的最好的办法就是能够很好地把握市场的形势。索罗斯每天都会关注大量新闻，并从那些新闻中判断市场的形式。索罗斯强调，在一次投资前，拥有对市场的了解度是十分重要的。只有充分地了解市场，才能为自己的投资多加一层保险锁。

往往伴随着一场风险的来临，机会也会随之来临。如何在风险中看到收益，那就是创业者的水平了。前期准备要做好的同时，也要保持临危不乱的头脑。市场是多变的，风险的到来也是不定性的，于是，想要在市场风险中求得收益，就要有充分的准备。

绝对不打没有准备的仗

索罗斯的投资原则就是，绝对不打没有准备的仗。索罗斯的投资理念中有这样一条：那就是要充分地发挥时代的信息优势，将自己的能力发挥到极致，能抓住的机会决不放弃，不要让金钱从手中白白溜走。索罗斯也正是因为有这样的投资原则，才能够让他在每一次投资中都能够完美制胜。

把握时机就是把握金钱，赚钱的机会是多种多样的，很多创业者明明看见眼前的机会却不抓住。最终也只能看着机会从眼前白白溜走。索罗斯告诫创业者，若是看见一个很好的投资机会，就不要犹豫，先投资，再做调查。这也是投资的一种方法。在索罗斯的投资生涯中，也有很多的这种情况。但是索罗斯在面对机会的时候，从来不会犹豫。他会在第一时间将机会抓住，然后再进行分析调查。若是调查的结果很满意，那么他就会加大投资力度。但是若是调查的结果不尽人意的时候，索罗斯也不会犹豫，及时地撤出自己的资金。也正是因为索罗斯有这样果断的态度，才能够将世界经济形势把握在手中。

有敏锐的判断力

作为一名成功的创业者，有敏锐的判断力是相当重要的。在任何时候，都要有能够最先发现商机的能力，果断出击，不要犹豫。机会就会留在你的身边。若是在投资中优柔寡断，那么，再多的机会也会从手边溜走。

抓住机遇就是抓住财富，仔细地观察和分析市场，就会发现其实市场上有很多的机遇。抓住他们，那么下一个投资巨鳄就是你。

中国有一句话叫做"机不可失，时不再来。"正是因为好的投资机会难寻，才要分外珍惜每一次的投资机会。人生难得遇到好的机会，所以我们一定要学会把握机会。那怎样把握机会呢？

首先就是要在机会来临之前做好充足的准备。机会就如流星一般，转瞬即逝，所以，想要得到机会就要提前做好准备，将机会牢牢地攥在手心，这就会抓住机会。

瞬间即逝就是财富的特点，若是不能在机会到来之前就做好准备，那也只能眼睁睁地看着本属于自己的钱财白白地流失掉。而流失掉的钱财就会进入其他的创业者的口袋中。这样之后再后悔就没有任何意义了。所以，若是不想事后后悔莫及，那就在最开始的时候做好准备将机会牢牢抓住。这才是明智的做法。

其次，就是要有很高的洞察力和敏感度。若是能够在别人发现之前,就查询到了机遇的迹象,那会在其他的创业者之前将机会把握住。这样就会提前收到先机,也会成为这次机会的主宰者。然后好好地把握机会,就会创造出更多的收入。机会永远是留给有准备的人的。索罗斯就是因为提前观察机会的迹象,时时留心市场的变动,才会发现很多的机遇,最后成为投资大鳄。

之所以强调机会的重要性,其实就是要告知创业者,机遇是非常难得的,正是因为机遇非常的稀有,所以更应该时时刻刻地留心机会的诞生。把握机会,才能够成为金融世界的佼佼者。

创业要戒除急躁冒进情绪

创业需要什么?有人说需要激情,有人说需要机遇,还有人说需要金钱、权力等。没错,创业道路上,确实需要这些东西,尤其是激情,更是一个创业者必备的要素。

然而,创业者仅仅拥有激情是不够的,因为创业不是一时的事,创业之后赢得的事业需要我们用智慧去维持、去发展。创业者在满怀激情去开拓天地、去奋斗的时候,还要能控制住自己的情绪,将前行之舵掌控在手中,让前行之船稳定地行驶在大海上。

创业初期管理很重要

对于处在创业阶段的企业来说,没有什么比管理更重要,尤其是如何管理好人,更是企业能否继续发展的决定因素。人才对于企业来说就意味着前途,如何留住人才,使用人才,是一个管理者最应了解的策略。

通常,创业者都是非常有信心、有勇气、有干劲的人,但是创业初期通常也是一个企业发展的最艰难的时期,这个时候可能会遇到各种各样的麻烦，很可能会因为企业实力弱、创业者缺乏经验等，处理不好企业中出现的一系列问题，这个时候需要的不是创业者的激情，而是稳定的情绪，如果此时连创业者自身都焦虑连连，其他人更会焦虑不安了。

刚刚创建的企业都是不成熟的，而这种不成熟也是不能避免的，很容易导致某些员工闹情绪，但是一个员工的情绪很可能会影响到整个集体，甚至整个公司的情绪。这种不良情绪的出现很容易影响正常的工作，扰乱管理秩序，从而加速公司瓦解，这就是为什么很多企业在创建之初倒闭。

创业者控制好自己的情绪

创业者，一定要能控制自己的情绪，能够冷静地思考问题，保持理性的思维，把工作的中心放到稳定人心上，时刻激励员工发挥其最大能力，创造出最大利益。

所以，俞敏洪在强调激情创业的同时也强调了创业者要具有稳定的情绪，在他看来，稳定的情绪能胜过一切，如果周围的人都能够预见领导者的情绪变化，那么他们就会安下心来跟随他，而不是整天提心吊胆。新东方的员工们，从来没有受到过俞敏洪言语上的伤害。新东方的人也不会担心遇到突发事件的时候俞敏洪会深陷情绪之中不能自拔。

不管是新东方出现的分崩离析的股份改制，还是弄得人心惶惶的"非典"，俞敏洪都会在别人认为他面临崩溃的时候，从逆境中找到解决难题的途径。和美国ETS恩恩怨怨十几年，新东方仍旧不断扩充着新业务，实现多元化发展，不得不称赞俞敏洪的冷静和睿智。

俞敏洪的演讲总是那样振奋人心，原因很简单，每一次演讲他都会充满激情；在员工的眼中，他也是个充满激情的领导；在董事会面前，他有智谋、有威信。虽然很多人认为他不够果断，可对于这个历经重重磨难的企业来说，正需要这种不果断带给人的温馨感觉。

新东方的元老们就像"活火山"一样，时不时爆发出炽热的岩浆，而俞敏洪却犹如汪洋之中的巨轮,永远是那样从容、稳健。大家提出意见、甚至指责他,他也不会用激烈的语言来回击,而那些批评者也不必担心被解雇,也正是因为这样,新东方才得以顺利发展。

俞敏洪非常仁慈,也容得下人,新东方几乎从来没有人被他惩罚过。正是因为这种"宠辱不惊"的精神,使得俞敏洪的事业蒸蒸日上。

试想,如果一个企业出现了一点小问题,员工们还没什么反应,领导先急得焦头烂额了,这个企业还怎么发展下去?

古代打仗的时候,领头的将军一定要沉着冷静,才能稳住军心,如果将军觉得局势不稳就开始心慌意乱,想着逃跑,士兵们一定会乱了方阵,阵势都散了,还怎么打仗,不战自败。

所以历史上才会流传下来"空城计"这一典故。诸葛亮稳如泰山地坐在城门口,虽然城中没有将士,敌方带着万千兵马,闯进城池就意味着夺了城池,城外之人终究是被诸葛亮的阵势吓到了,认为城中有埋伏,使得空城躲过一劫。

由此我们也能看出:稳定的情绪,稳定的处世态度,就是让企业安然躲过劫难的重要因素,只有自己稳如泰山,你所创下的"江山"才会更稳!

诸葛亮之所以能够在无兵的情况下躲过一劫,靠的就是心理战术,稳定的情绪在很多时候都起着至关重要的作用。当然了,稳定的情绪并不是与生俱来的。生活中,每个人都会遇到挫折、烦恼,进而产生出消极、烦躁等心态。而善于调节、控制自己情绪的人却能够做到临危不乱、面不改色。那怎么稳定自己的情绪呢?要有意识地调控自己的情绪,在情绪即将爆发时有意识控制自己,保持理性,可以进行适当的自我暗示;可以进行自我鼓励,用某些哲理、名言安慰自己;可以通过语言调节自己的情绪,比如,通过"静""忍"等词语命令、暗示自己;生气、压抑的时候可以到户外走走,调节自己的心情;当追求某个目标失败时,不要愤怒,不要暴躁,可以找个理由安慰自己,缓解情绪;火气上涌时,有意识地转移话题或做些其他事分散自己的注意力,不愉快的心情就会随之烟消云散；遇到委屈时，可以痛痛快快地发泄出来，比如，找朋友聊聊天，甚至可以大哭一场；平时注意培养自己的幽默感，因为幽默者的抗压能力通常比较强，情绪波动比较小。

警惕创业期的不良倾向

在创业期或者是成长期的公司要敢于不断尝试新的事物，因为这是成长乃至生存本身所必需的。

当你在尝试新的事物的时候，你可能会犯错误，聪明的公司则会从自己的错误当中学习到教训，但是，有一些公司对他人犯下的错误则没有加以足够的关注。为了帮助我们尽快成长，在此列举出一些在你创业过程中总是会不断重复出现的错误。

1.公司定位不清，取名不严谨。有的创业者常常犹豫不决，根本不清楚自己想要选择什么样的公司，有限责任公司，还是其他类型公司？或是由于资金缺乏而推迟公司成立，一直等到第一笔风投资本或遭遇第一场诉讼时才着急。

其实，这个问题很容易解决，应当尽量做些事情，才能从中受益。表面上，公司产品命的名非常简单，实际上，它是创业初期的关键因素之一，因为如果你在这方面犯了错误，会承受严重的后果，付出沉重的代价。

不知道大家还记不记得通用汽车出品过的小型车雪佛兰Nova。拉丁美洲国家专家立即指出，"no va"这个名字用西班牙语翻译过来就是"走不了"。肯定会闹出天大的笑话来。因此，建议大家应当征求专业人士建议，必须仔细考虑拟选名字是否包含着文化或宗教上的不良含义。

2.与合作伙伴没有事先明确权益契约。可能你们现在是朋友，甚至是夫妻，但是，经过长期的接触以及各种方面压力的压迫，你们之间的关系也会发生微妙的变化。有些早期联合创始人经常会由于意见不同而退出，可能你会将他们忘在脑后，但他们却不会忘记你曾作出的口头承诺。

之后，你的公司开始尝试着融资，甚至准备上市，这些已经被你忘掉的曾经的合作伙伴就会一个个冒出来，向你要求曾经许诺的股权。如果你想避免这个问题，应当在早期讨论股权问题之后立刻成立公司，向所有创始人发行股份。

3. 招聘过于仓促，解雇时犹犹豫豫。如果你的公司处于快速成长的状态，非常需要帮手，此时你很可能会忽视已经制定好的相应职位描述的重要性，或尚未审核求职者资质究竟适不适合此职位，便急切地对其进行面试、入职。

如果你还不清楚自己究竟需要什么样的帮手，那么你便不会寻找到合适者。另一方面，如果新招到公司的员工不能安分地工作，不能犹豫不决，尽早解雇他。当然了，接触员工时要人性化些，同时遵守合法程序。要切记，表现比较差的员工可能会浪费掉你三倍的冤枉钱。请两个人做一份工作，至少有另一个员工感到不公平，最终导致士气受影响。

4. 只招聘和自己想法相似的员工。恭维的话总能让人心中暗喜，但我们应当明白，这些话当不了饭吃。员工对你的想法提出的挑战是值得我们追求的。我们应当在推销自家的过程中积极地聆听他人的回馈，这样才最有价值。有的老板一直认为只要利用好职场关系，将生意、娱乐混在一起就能够搞好公司。不过，建议遵循这样的原则：不与雇员交朋友，明智选择合作者。

5. 估计的资金需求过于保守。创业融资以前，对自己融资之前需要的资金、向创业者请求融资的规模，一定要仔细检查，否则，你日后就会对自己居然忘记那么多需要融资的项目感到吃惊，并且还会发现资金消耗得竟然快得惊人。严重现金流问题为创业中的大错误，很可能再也不能挽回，现金永远比利润重要。

6. 让会计人员审核每笔开支。多数创始人都有这样的感觉，产品与客户方面工作非常重要,但实际上,对所有小公司领导来说,最重要的任务即审核每笔开支,"吝啬"地进行严格的控制,才能够避免资金白白浪费掉。千万不能将这个任务授予他人,因为过量开支、屡超预算的后果非常严重,不但会计你丧失成长机会,甚至会让公司丢掉信誉,进而失去创业者、供货商的支持。

7. 事必躬亲,所有决策都由自己来做。所有的决策都由一个人来做,并不是说这个人的决策更好,也不意味着这个决策更迅速。一个团队想要成长,必须要将决策工作授权下去。对明智的成长期公司来说,会招聘决策者。哪怕只是处于创业初期,你也需要志同道合,并且和你互补者去帮助你制定创业阶段计划。因为有个人可以帮你检验创业成果,振奋起你的斗志,同时帮助你,这是件非常好的事情。

8. 制定的战略是不能更改的。创业者应当假设最初战略可能不正确,很多创业公司,助跑和起飞阶段时数次调整目标市场,更改运营方式。尤其是对于未知因素应当多加注意。比如,你没有估计到经济衰退或资金雄厚的新竞争者出现等,应当时刻分析这些变化,不然的话,你只会随意乱作调整。

9. 把精力分散在杂事上。将精力集中在最重要的事情上绝非什么容易的事,应当多加努力、勤于练习。对于创业者来说,"最重要"的事情包括产品的上市时间、客户服务、降低成本、击败竞争者等。

10. 忽视自己或他人的错误。对于处在成长阶段的公司来说,最大错误就是无法从他人的错误,甚至自己的错误里面吸取教训。只有勇于承认自己所犯的错误,才能学到教训。对于聪明的领导人来说,一定会勇于承认自己的错误,不会将注意力放到责备员工上,更多的时候,他们强调的是吸取教训。因此,错误应受到珍视,作为学习教材。

可以冒险，但要给自己留后路

在创业上，风险是无处不在的，正是因为有很高的风险，才让很多的创业者与成功擦肩而过。投资可以说是一场冒险，但是，聪明的创业者应该明白，冒险并不是容易的事情，我们在冒险的时候，一定要为自己留好退路。

制订自己的创业原则

索罗斯被称为是华尔街上的巨头，并不是因为他的创业投资技术多么高明，而是因为索罗斯有一套自己的创业原则。在金融市场上，风险是无处不在的，它也可以说是创业者们的软肋。创业者只要稍微掉以轻心，就会掉进市场的陷阱中去，最后被市场吞噬。所以，索罗斯认为，既然市场是有风险的，所以，创业者在冒险的时候要留好退路。这是十分重要的。

索罗斯在创业投资前就会观察市场的情况，并且进行一系列的分析。但是索罗斯也不能保证自己的投资一定是完美的，所以他会对自己的投资进行最坏的打算。并且提前做好随时撤离市场的准备。索罗斯明白，市场的变数是不定性的，任何人在市场面前都显得那么渺小。但是，虽然市场是不确定的，创业者却可以分析市场，提前将市场的走势预测出来，这样，即使不能完全准确地预测市场，也能够知道市场的大体走向。这样就不会受到市场变数的影响。

很多创业者都是根据自己的意愿或是听从专家的意见随波逐流，这样就很容易进入市场的误区。市场并不是善类，他能够随时将创业者拉入黑暗的深渊，并无法回头。这样就让很多创业者失去了信心，并且一蹶不振。所以，索罗斯建议所有的创业者在投资前一定要将自己的后路预留出来。投资就像是一场战争，战场上刀枪无眼，所以并不能保证自己就一定能够胜利。很多人在打仗前就会将自己的后路预留出来，想好撤退的方法。金融市场同样如此，并不是每一次投资都能够顺利的完成，那就需要创业者将自己所能遇到的所有的情况都提前列出，并找到解决的方法。

创业并不一定会成功，要有心理准备

即使是索罗斯，也并不是每一次都能够成功的，但是索罗斯的损失似乎并不大，那就是因为索罗斯在每次投资前，都能够将自己投资中所能发生的突发事件提前预测好，等到投资真的发生问题的时候，就能够准确及时地撤离市场。这样就可以降低自己的损失，并保证自己的下一次投资不会出现这种状况。

正是因为有这种提前将自己的后路准备好的方案，索罗斯才能够顺利地完成每一次投资。投资市场的波动性是很大的。想要不受到市场的波及，就要在投资前先观察市场，仔细地分析市场中每一个可能出现的状况，并且要提前做好准备迎接随时都会出现的事情。索罗斯正是因为积极地思考，勤奋地观察市场，才有了今日的成就。

在任何的时候，偶然性都是存在的。创业者在投资的时候，就一定要集中注意力，不能够掉以轻心。这样才能保证自己的投资避免市场的波及，也就能够成功。偶然性无处不在，这就需要创业者有敏锐的观察力和洞悉力，时刻注意市场的情形，遇到突发事件能够及时地处理。所以，索罗斯的提前观察分析对一个创业者来说是十分重要的。

一个成功的创业者，就是要具备这种灵机应变的本能，并且要将自己所能遇到的情况考虑到，这才是成功的必备条件。

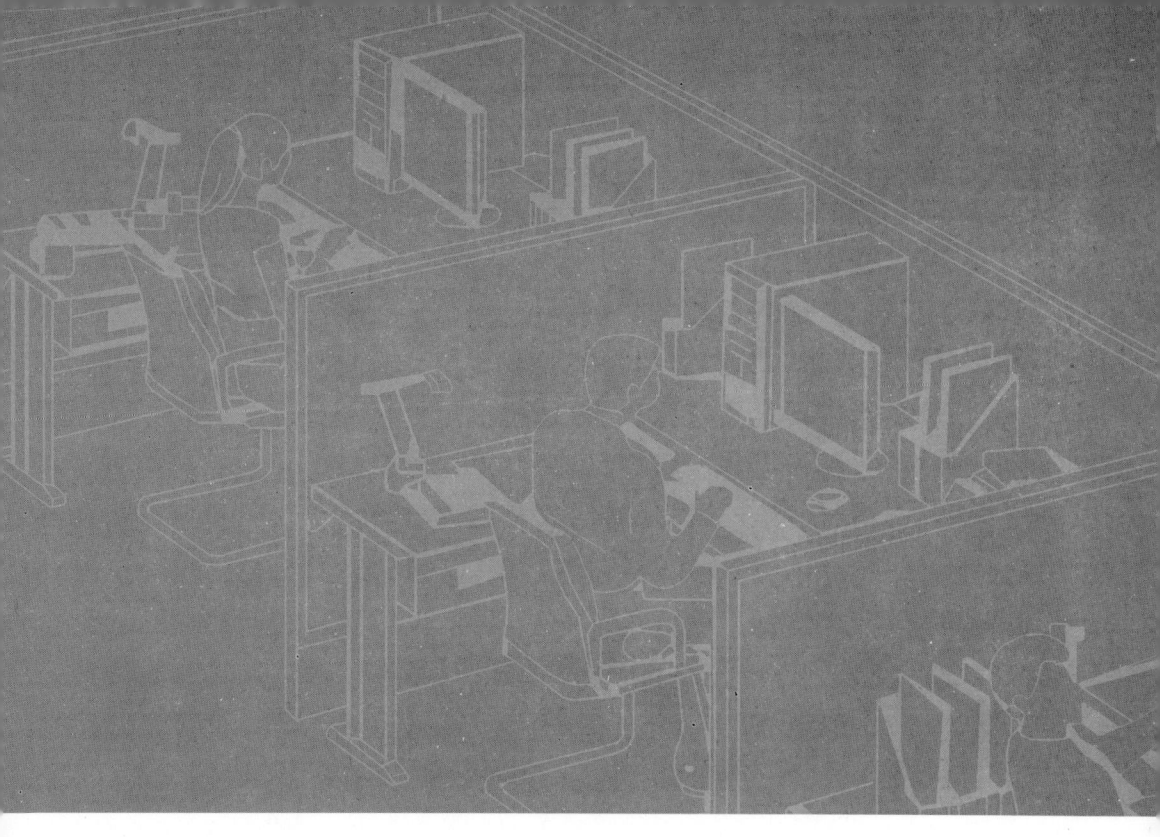

第七章

边打工边做老板
——内部创业

第七章
边打工边做老板——内部创业

也许现实的压力无法让你马上告别打工生涯，但是你可以选择内部创业，内部创业可以让你很好地利用自己现有的资源和平台，让自己打工创业两不误，可以说是打工族创业最便捷有效的方法之一。

创业的风险知多少

风险是指在某一特定时间内，在某一特定环境下，可能发生的某种危险。换句话说，就是在某个特定的时间段里，人们所期望达到的目标与实际出现的结果之间产生的距离，主要由风险因素、风险事故和风险损失等要素构成。

举个例子来说明一下。比如，在一个大雪天，正处于下班高峰期的时候，有个人骑着既没闸又没铃的自行车从家里出发，准备去购物中心买东西，不幸半路上发生了交通事故。对这一事件进行简单的分析：下雪天、车流高峰期、没闸没铃的自行车，这都属于风险的因素；交通事故就是风险事故；而当事人所受到的意外伤害就是本次风险事故所造成的损失。

这个突发的事件告诉我们，日常生活中经常有意外发生，风险几乎无处不在。但是，没有人会因为风险的存在就停止任何事情，也没有人为了躲避风险就拒绝做任何事。正如不能因噎废食一样，虽然风险重重，但太阳照常升起。

创业也是如此。不管选择在什么行业创业，都存在风险。有的人能很好地预测风险,所以巧妙地避开了,而有些人则因为无法预料潜在的风险,或者在风险来临时没有采取对应的措施,在风险所带来的损失中一蹶不振,东山难再起。那么,在创业的过程中一般会潜藏着什么样的风险呢?

管理风险

在所有创业风险里面,最大的风险即为管理风险。老板不光是个创业者,还是个经营者,或者所聘请的经理人员因为不善管理而产生风险。在选人、用人方面,必须要任人唯贤,千万不可任人唯亲。选择好的管理人才,一定要看他是否拥有以下三个方面能力:知识、技能及运用能力;个人特质和运用能力;日常言行举止显示出来的对工作、他人,以及自己的态度。拥有好的管理者,企业便具备了一定的管理能力,这样一来,风险也会大大降低。

法律风险

企业应当及时妥善解决好法律风险问题,不然的话,会导致一定的经济损失,比如,企业由于违反合同而被人起诉,应当赔偿对方直接损失、利润损失;若是违反经营法规,政府便会对其进行相应的制裁。

盲目投资风险

每项投资都是有风险的,我们应当充分了解自己、了解市场基础,并及时做出投资决策,这样才是对自己负责的表现。单单凭借一时的热情和冲动,盲目听从他人意见或者一味地追着别人走,一定会带来意想不到的损失。

人才流失风险

企业的生存和发展，说到底还是人才在起作用。谁拥有了人才，谁就能立于不败之地，反之，谁就失去了竞争的先决条件。

财务风险

在经营过程中，由于种种原因，导致经营管理不善，造成资金短缺或周转困难，从而对企业造成一定的损失，严重时还会出现破产倒闭的情况。

市场风险

指企业所开发的产品或者不能适应市场需要，技术落后，产品质量不过关；或者售后服务跟不上；或者销售渠道不畅通，各种综合因素加在一起，导致没有市场竞争力。

诈骗风险

创业前期，业务开发会有一定难度，所以就很容易对送上门来的业务失去警惕性，导致上当受骗。因此，在创业初期尤其要时刻保持清醒的头脑，要有强烈的防诈骗意识。

当然，创业的风险远不止这些，它几乎贯穿于创业、经营的整个过程。一个人要想成功，就得有勇气承受来自四面八方的风险，同时还要学会巧妙地规避风险。风险承受能力的强弱，也会最终决定一个人在创业的路上能走多远。

下面，来测测你具有怎样的危机意识吧！

一头乳牛正从牛舍里出来吃草，请你就直觉判断，它将走至下面哪

一处觅食？

　　A.山脚下

　　B.大树下

　　C.河流旁

　　D.栅栏农舍旁

　　A.你的危机意识很强，甚至有点杞人忧天！也许很容易的事，被你天天惦念着，久而久之也变成困难的了。请放开心胸，缓和一下，先别跳槽，天塌下来还有高个子顶着呢！

　　B.在职场，你一天到晚无忧无虑，认为"船到桥头自然直"，这样身边的人会认为你做得少。如此乐天知命，天底下恐怕像你这么乐观的人已经不多了。

　　C.你成天迷迷糊糊的，记性又不好，总是要人家提醒你才会有危机意识，公司的人早知公司快要倒了。最后你定睛一看，就剩老板和你了。但是一会儿之后，又完全不记得危机意识是什么东西了。

　　D.你的确挺有危机意识的，不过你所担心的事的确有点担心的价值！也就是说，你并不是没事瞎紧张的人，反而常常未雨绸缪！

老板和公司是你最大的靠山

　　不管你哪里做的不好，要明白这都是你自己的问题。如果你觉得老板不好，那么你有没有尝试着去改变他？如果你改变不了老板，那么你有没有尝试着改变自己？你有没有想过，难道那些获得成功的人所遇到的一切情况都是好的？你要首先敢于承担责任，才能够想办法去解决问题。

老板也是从你这个位置上来的

事实上,你和你的老板是一样的,都是要一步步走过来,他今天之所以可以做到这个位置,一定有他自己的道理。你应当将目光放到老板的优点上面,这样才能够学到他比你优秀的地方,在他手中获得进步。我们试想,如果他获得提升,那么你自然也就会跟着提升上去了。因此,千万不要抱怨老板让你做这个做那个,他给你的工作越多,说明他就越离不开你,时间久了,你就不可替代了,而到了这个时候,你就为自己今后的创业积累了一个很大的人脉。

当老板也绝对不是你想象的那么简单和舒服的。有很多人总是觉得当老板就是发号施令,其实老板通常是一家公司当中最辛苦的人,不仅仅是身体上的辛苦,更多的则是心理上的辛苦。

当你下了班之后,你可以不想公司的事情,但是老板是不行的,他必须随时随地地想,根本没有休息的时候。员工在有的时候,工作完成得不好,是可以照拿工资的,顶多是挨顿骂,但是老板却不能够因为员工工作做得不好就不发工资。员工可以不好好干、偷懒、在公司里面聊天,但是老板却要把所有的这一切都解决,让公司能够正常运转。

老板一定要为自己公司的业务负一定的责任,东西卖不出去,老板就要费尽心思去销售,而东西卖了出去,老板又要费心思去生产;东西卖出去前,老板还要在物流仓储上费心,卖出去后,还要在售后服务上费心。想赚钱,必须要想办法让客户满意,要打造出属于自己的品牌,还要做到低成本,好服务,高效率,对员工来说,要费心的事情不过是其中的某个部分,而需要老板费心的却是全部事情;员工不用对整体结果负责,但老板应当对整体结果负责,事情搞砸了,你可以净身走人,完全不用负什么责任,但老板却不能这样做,他要为最糟的结果负责,承担一切责任。

老板并不好干

对于很多没有当过老板的人来说,都认为老板是很好干的,认为那不过是发号施令而已,而且还高高在上非常的威风。有很多人认为自己的工作做不好是因为老板授权不够,老板如果授权了就能干好,认为这样自己就有了足够的权力去解决问题了。

我们看一看,在历史上有哪个了不起的人物总是用权力解决问题的?遇到不听话不顺眼的就干掉?这种情况通常只是发生在暴君手中。

当然,如果你自己创业,成为了老板,那么这些情况也会发生在你的公司里。你看不惯的人可能会有很多,可能很多人你觉得他们一无是处,就好像有的人说的:"人是上帝创造的,总会有你看不惯的人,因为不是你创造的。"但是,他们可能有很多优点对于公司来说是非常宝贵的,甚至从某种意义而言,他们的存在保证了你能够更好地经营公司。而如果你和他之间发生了矛盾,你就想着用权力来压服,或者把他赶走,那么这么做的结果将直接对公司造成影响。

而在这种时候,你的苦衷也就来了,不管吧,他天天闹得翻天覆地,根本就没有办法正常工作,管吧,手心手背都是肉,哪个都不想伤害,弄不好两边都不讨好。

其实,我们想想,有的时候老板明明知道你这样做会犯错误,但是又不得不看着你去犯错,因为老板知道你迟早会犯这个错误,早犯错误早明白。

在培养人才方面,老板也是有非常多的苦衷:找没经验的慢慢培养,就怕翅膀硬了远走高飞,花钱、花时间为别人培养人才;寻找有经验的,一来是代价比较大,二来这些人大多思维已经定型,很难培养成为中坚力量。真正的要培养一个人成才,公司要花费很多很多的钱和心血,并且公司会为你的每一次错误付出代价,公司还要教会你许多的事情。

第七章
边打工边做老板——内部创业

对老板的恩惠懂得感恩

有一些人,当老板给予恩惠的时候他们并不懂得感激,反而觉得这是自己应得的,结果当下一次没有恩惠的时候就开始怨恨老板。比如,公司本来决定春节是放 10 天假,比国家规定多 3 天,没有任何人表示感激,结果如果某一年因为公司比较忙,就和其他的单位一样放 7 天假,结果就引发了很多人的不满,开始消极怠工,传播谣言。

还有一些人可能是一直在犯错误,以前老板或者因为不知道或者因为其他原因没有说,结果最后说了,他反倒理直气壮地问:"那你以前为什么不说?"这就好像是小偷一直偷东西别人一开始不说,结果有一次被抓住了,结果小偷反倒问:"那你为什么以前不抓我?"

我们试想一想,如果你有一天自己做了老板,你会成为什么样的老板呢?你是不是也会遇到同样的问题呢?你是否能够比你现在的老板做得更好呢?你是否能够让你的员工自动自发地工作呢?你是否能够让他们之间关系融洽,至少能够让员工把主要的精力放在工作上呢?你能否能让员工都听从你的决定,和你一起经历各种困难走向胜利呢?你能否控制员工不断膨胀的贪欲,让他们知道什么是他们应该得到的,什么是不应该得到的呢?你能否在惩罚过他们以后仍然可以让他们死心塌地,不会背后忌恨你呢?你能否让他们各尽其材,心甘情愿地在你的手下快乐的工作,而不会感到压抑呢!

在很多时候,有一些人觉得自己和老板的矛盾是不可调和的,如果让自己来当老板一定比他干得好。可是,不知道你有没有想过,你的老板不和你计较,这其实已经是很有风度的了,而你现在怀着这种心态可能当上了老板,但是你在风度上却输给了他。

对于绝大多数的老板来说,他们也都是普通人,所以,千万不要指望能够找到一个特别了不起而且特别体贴,脾气特别好还特别会教育人的老板,基本上在 100 家公司里 90 个老板都是差不多的,而如果你成为老板的话,很大的几率也会在这 90 个老板当中。

所以，你现在就学着理解你的老板，为你以后做老板打下基础，因为你当老板不一定有他做得好。千万不要用老板不好或者是与老板合不来作为自己不能够获得成功的借口，因为你遇到的老板也并不比其他的人的老板差，你之所以总是专注于和老板的关系问题是因为你没有成功，是因为你还不配成为真正的老板，不具备这样的素质。

互惠互利才能财源滚滚

激烈的竞争，需要真诚的合作，长久的合作需要"双赢"为保证，协作的任何一方，不赢反亏，就失去了继续合作的基础，处在合作中受到伤害，那必然会陷入"你死我活"的游戏恶圈中。

你死我活对谁都不利

有这么一则寓言故事：一只狮子和一只狼同时发现一只小鹿，于是商量好共同追捕那只小鹿。它们合作良好，当野狼把小鹿扑倒，狮子便上前一口把小鹿咬死。但这时狮子起了贪心，不想和野狼平分这只小鹿，于是想把野狼也咬死，可是野狼拼命抵抗，后来狼虽然被狮子咬死，但狮子也身受重伤，无法享受美味。

试想一下，如果狮子不如此贪心，而与野狼共享那只小鹿，那不就皆大欢喜了吗？

我们说，人生犹如战场，但毕竟不是战场。战场上敌对双方，如果一方不消灭对方，他就会被对方消灭。而人生赛场不一定如此，为什么非得争个鱼死网破，两败俱伤呢？大自然中弱肉强食的现象较为普遍，这是出于它们生存的需要。但人类社会与动物界不同，个人和个人之间，团体和个体之间的依存关系相当紧密，除了竞赛之外，任何"你死我活"或"你活我死"的游戏对自己都是不利的。

我们应该学会采用"双赢"的竞争策略,这倒不是看轻我们的实力,也不是我们无力扳倒对手,而是为了现实的需要,如前面所说,任何"单赢"的策略对我们都是不利的,因为它必然会有这样的结果:除非对手是个软弱角色,否则我们在与对方进行争斗的过程当中,必然会付出很大的心力和成本,而当我们打倒对方获得胜利时,我们大概也已心力憔悴了,甚至所得还不足以弥补你的损失。

不可能将对方绝对毁灭

在人类社会,我们不可能将对方绝对毁灭,因此你的"单赢"策略将引起对方的愤恨,成为你潜在的危机,从此陷入冤冤相报的循环里。在进行争斗的过程当中,也有可能发生意外的情况,而这会影响本是强者的我们,使我们反胜为败!在人脉资源上,注重彼此和谐与互助合作,面对利益时与其独吞,不如共享。在商业利益上,讲求"有钱大家赚",这次你赚,下次他人赚,这回他多赚,下回你多赚。何必如此贪心?

从前,有两个饥饿的人得到了一位长者的恩赐:一根鱼竿和一篓鲜活硕大的鱼,其中,一个人要了一篓鱼,另一个人要了一根鱼竿,于是,他们分道扬镳了,得到鱼的人原地就用干柴点了火开始煮鱼,他狼吞虎咽,还没有品出鲜鱼的肉香,转瞬间,连鱼带汤就被他吃了个精光,不久,他便饿死在空空的鱼篓旁。另一个人则提着鱼竿继续忍饥挨饿,一步步艰难地向海边走去,可当他已经看到不远处那片蔚蓝色的海洋时,他浑身的最后一点力气也使完了,他也只能眼巴巴地带着无尽的遗憾撒手人寰。

又有两个饥饿的人,他们同样得到了长者的恩赐,一根鱼竿和一篓鱼,只是他们并没有各奔东西,而是商定共同去寻找大海,他们每次只煮一条鱼,经过遥远的跋涉,来到了海边,从此,两人开始了捕鱼为生的日子，几年后，他们盖起了房子，有了各自的家庭、子女，有了自己建造的船，过上了幸福安康的生活。

同样是具备同等条件的人，前者都是只顾自己却落得个谁都想不到的下场，后者却知道合作，奉献自己的力量而使自己过上了好日子。合作——在你最需要帮助的时候，它能帮助你克服各种困难；和谐——当你处在最窘迫的境地时，它能使你柳暗花明。

有时候，我们通常会很痛恨竞争对手，因为他们总是和我们分享同一块蛋糕，但如果你转变思路，你就会发现一个秘密：和一个人分享同一块蛋糕，总比和十个人分享蛋糕要划算得多。

所以，无论从什么角度来看，那种"你死我活"的斗争从实质利益和长远利益上来看都是不利的。我们应该用"双赢"的策略。"双赢"是一种良性的竞争，更适合于现代社会的相互竞争。只有相互合作才能和谐，只有和谐才能更好地合作，只有和谐、合作才能更快更好地做好事情，做对事情。

请记住，激情成就财富梦想

在通往创业的道路上，我们必须保持足够的激情。只有具备了足够的激情，才能够面对挫折；只有具备了足够的激情，才不会轻言放弃；只有具备了足够的激情，做事情才不会敷衍了事。

激情，是你做事能否成功的尺子

唐朝的韩愈曾在《送孟东野序》说："大凡物不得其平则鸣。草木之无声，风挠之鸣；水之无声，风荡之鸣。"而这样就指出了激情的重要性。

就此意义来讲，激情可以作为衡量任何一个人工作态度，以及能否取得事业成就的尺子。事实证明，只有那些具有激情的人，才能够成功创业。就像通用电气公司前 CEO 杰克·韦尔奇，他从 1981 年就任总裁到 1998 年，通用电气公司的各项业务的主要指标一直保持了两位数的增长。而且在此期间，通用电气公司的年收益从 250 亿美元迅速增长到了 1005 亿美元，净利润从 15 亿美元上升为 93 亿美元。等到了 1998 年底，通用电气公司的市场价值已经超过了 2800 亿美元，而这些成就的取得，不能不说是杰克·韦尔奇本身和其所带领的团队激情工作的结果。

如果你在工作当中缺乏激情，只求安安稳稳，平凡地老去，那么，你的一生也终将是平庸的一生，毫无建树可言。

我们再看看很多成就伟大事业的人，比如，孔子集三千门徒修订《春秋》、司马迁呕心沥血做《史记》等，无一不是他们不甘平庸、激情工作的结果。

日本索尼电器的"激情"

提起日本索尼电器，给人的第一印象就是质量好。但是，在 20 世纪 70 年代，索尼电器除仅仅在日本本土非常有名，在国外却没有什么知名度。打进美国市场的第一种产品——索尼电器唯一的产品——索尼彩电，在美国市场的销售情况却不怎么好。

20 世纪 70 年代，美国消费者认为日货不过是低价、劣质产品。对索尼彩电来说，开拓市场的任务非常艰巨。他们在面对美国市场的时候感到无措。

美国市场是块大而诱人的蛋糕，索尼公司怎么可能轻易放弃，之后，任命性格坚韧的卯木肇为索尼海外部部长。刚一上任，卯木肇就被委派到了芝加哥。

卯木肇心里清楚，自己到美国的主要任务是打开美国市场。所以，他刚到达芝加哥就开始实地走访，到各个市场查看销售情况，卯木肇发现当地寄卖商店里，索尼彩电上面满是灰尘，根本没有人问及。

卯木肇想："为什么在日本国内十分畅销的优质产品，到了美国就没有人理睬呢？"

如果这个问题不能够解决，那么美国的市场是不可能打开的。最后，经过一番调查，卯木肇找到了问题的症结所在。

原来，之前索尼公司派来的负责人在面对惨淡市场行情时，总会通过降价的方法提升产品销量，甚至多次在芝加哥媒体上发布减价销售索尼彩电的广告，这种做法让美国人将索尼彩电定位成为低贱、糟糕的次品，这样一来，恶性循环更加剧了索尼彩电在美国没有市场，销售惨淡的现象。

面对这种糟糕状况，卯木肇连续数天苦思冥想，终于想到了解决这个问题的方法。卯木肇决定在芝加哥找一家实力雄厚的电器零售商作销售突破口，彻底打开索尼彩电销售的大门。

当时芝加哥最大的电器零售商是马歇尔公司。卯木肇制订出以下计划。第一步，亲自去求见马歇尔公司的总经理。等到卯木肇把自己的名片递进马歇尔公司总经理办公室时，名片立即被退回来，因为总经理不在。

为了与马歇尔公司的总经理见面，卯木肇特意选了个总经理比较清闲的时间段前去求见，但这次得到的回应是：总经理外出了。

卯木肇决定再一次登门拜访。这次，马歇尔公司总经理终于接见了卯木肇，但是拒绝售卖索尼产品，因为索尼产品降价拍卖导致形象受损。卯木肇恭敬地倾听着总经理意见，同时表示一定会立即着手更改产品形象。

卯木肇回到芝加哥索尼办公室，立刻就吩咐所有工作人员从寄卖店中取回所有索尼产品，并且立刻停止减价销售；同时在芝加哥报纸上面重新刊登了大面积广告，通过这样的方式重新塑造索尼产品形象。

等到卯木肇实施完第二步方案后，马歇尔公司总经理仍然拒绝售卖索尼产品，理由是索尼售后服务太差，无法销售。

为了解决售后服务问题，卯木肇立刻在芝加哥成立索尼特约维修部,全面负责产品售后服务工作,并且在报刊上重新刊登广告,附上了特约维修部的电话、地址,承诺24小时服务于顾客。

等到卯木肇做出了种种努力、承诺后,马歇尔公司总经理终于同意尝试销售两台,但有个条件,一周之内卖不掉就会立刻搬走。

卯木肇亲自选了两名经验丰富的销售骨干,同时要求他们破釜沉舟,一周之内卖不出两台彩电,他们就不用再回公司了。

等到卯木肇重塑索尼形象后,芝加哥消费者也开逐渐改变对索尼产品的看法,两台试销索尼彩电卖了出去。之后,马歇尔公司又追加两台,当天就卖了出去。就这样,索尼彩电进入到销售旺季,短短一个月就卖出700多台。

终于,索尼公司、马歇尔公司获得了双赢局面。不到三年,索尼彩电就在芝加哥市电器市场占有了30%的份额。

在一个企业家论坛上,有一位企业家说过,他常常给员工讲索尼公司的故事,目的就是要让企业的所有员工都明白:只有像卯木肇这样保持激情四射工作状态的员工,才可能创造不凡的业绩,才能够得到老板的重用,才能够为自己以后创业打下基础。卯木肇遇到困难的时候,依旧怀着饱满的激情,想方设法解决遇到的一切问题,最终提升了公司的业绩。像他这样的员工,才是一个企业真正需要的人才,更是最容易得到老板重用的人才,更是能够自己干出一番大事业的人。

如何拥有激情

1. 对自己在公司中的角色进行定位,工作心态是最根本问题。若是为自己定位过高,容易产生怨天尤人、埋怨心理;对自己定位过低,容易导致娇纵、粗心,不可能对工作产生激情,也就无法顺利完成工作。我们可以在工作达到一个阶段时为自己树立新目标,有方向和动力后,自然可以保持高涨的工作热情。

2. 善于调整心态。当我们在工作中遇到挫折、失败后,不能倒下,而应迅速调整自己的心态，重获激情，挑战困难。

3. 多学习，不断进步。时代在进步，环境也是不断发生变化，我们所从事的工作岗位也会对我们提出新要求，所以，只有不断学习，我们才可拥有饱满的激情，同自己的公司、工作岗位相适应，避免被淘汰。

4. 多沟通、多交流。沟通能够很好地排解压力，在你遇到困难或享受成功时，多与家人、朋友沟通，让他们给你填充激情，迎接明天新任务。

5. 懂得自我满足。你操作某个项目成功后，不能将喜悦、满足随意丢开，可以享受一下这种美妙心情，能够让你用更好的心态应对下一个堡垒。体会工作获得的快乐的同时快乐地工作。

6. 拥有好战精神。拥有好战精神，永不退缩，勇敢地消灭每次困难，获取人生价值。

两手准备，临危不乱

作为那些即将步入社会的年轻人来说，应该明白什么是忧患意识。在工作中或社会里都应该清楚未来的挑战与危机，做好心理准备，做到"未雨绸缪，防患于未然"。

未雨绸缪，让未来多一份保障

现在的年轻人都有自己的雄心壮志，都希望自己获得成功。但是，你的能力和努力在激烈的职场斗争中越来越显得苍白无力，而埋头苦干却让你就像空气一样让人视而不见，这是一个残酷的现实。要想获得成功，就要学会为将来的事业打下基础，在还没有步入职场以前就做好职场的定位，未雨绸缪，让未来多一份保障。

第七章
边打工边做老板——内部创业

"未雨绸缪"出自于《诗经》中的:"迨天之未阴雨,彻彼桑土,绸缪牖户。"原意是在天还没下雨的时候,就要把巢加固裹缠。后来我们就用"未雨绸缪"比喻提前做好预防工作、准备工作。职场就如同是战场,提前做好预防,在事情还没做之前就做到心中有数,总比事情将要发生时不知所措的好。

提高自己的能力,用知识武装大脑

对于刚刚步入社会的大学生来说,随着环境复杂性的变化,需要他们有足够的能力和勇气去面对。而刚刚离开校园的大学生一般都没有社会经验,在进入职场以前就应该做好准备。一方面,要从多方面了解,另一方面,也是至关重要的,提高自己的能力用知识武装大脑,这样才能在职场中占据优势。

康楠从省城某高校大学中文系毕业后,被分配到市委下属的机电公司秘书处当了一名文书。康楠在大学期间在文学社团中独领风骚,文笔非常优美。工作以后,她除了给公司写一些发言稿以外,还更多地涉猎杂文和新闻稿。两年以后,她名气大增,市政法委将她借调到政策研究室。

在市政法委,康楠更是妙笔生花,新闻发言、研究论文、散文、文学评论全部撰写,几乎每天都有她的文章在报纸上发表,深得领导赏识。但康楠知道,自己只是"暂借",要想从企业单位跨入行政行业不是轻而易举的事。于是,她除了努力写文章以外,又报考了成人自考法律本科。经过四年努力,康楠终于取得了法律本科大学文凭。

这一年春天,全国举行国家公务员考试,康楠参加了市里的招收公务员考试。该市正好招收一名法律专业的公务员,全市有两个人报考这个专业,结果康楠分数高,理所当然被录取了。不仅政法委要录取她,因为她经常给市审计局撰写文章,市审计局也向她表示愿意接受。最终这两个单位都没有将她录取,因为被市委组织部提前录取了。

有人认为康楠实在太幸运了。其实大家应该清楚，未雨绸缪，积累知识才干才是康楠的精明之处，这也就是为什么幸运之神总是在她身边的原因。成功不是说总有机会留给你，需要的是你自己的积累和努力。

潘赛琳是北京某著名高校的在读大学生，她和其他的同学一样，都来自农村，家境并不是特别好。为了保证自己能够读完大学，也为攒够大学的开销费用，减轻家里的经济负担，她希望在不耽误学习的情况下，到外边找一份兼职的工作，这样能够让自己提前接触社会，从而丰富履历，增长知识，为自己毕业找工作积累一定的经验。

和她有同样想法的同学里，大部分人做的是家教，也有很多人到饭店打杂，其余的同学则在超市做促销一类的工作，工作虽然艰辛，但收入还是比较可观。于是，潘赛琳也就下定了决心，去向导师征求意见。导师听完她的言论以后，说："你的成绩非常不错，如果你想去做兼职，就去一些大的公司或者跨国企业找机会，这样即便你挣得不多，你省一点花也是可以的。但是，你要清楚，自己不应该学别人，去刷盘子或是去做家教，不是说这些工作不好，而是因为这些工作和你以后发展完全没关系。"潘赛琳听了导师的话，觉得非常有道理。所以她决定到大的公司"碰运气"，结果还真被一家跨国公司录用了，工资虽然不高，但是她比别的同学积累了更多的经验。所以毕业以后，她成为了这家公司的正式员工。潘赛琳很庆幸她听从了导师的劝告，因为薪金不高的兼职工作，让她有了更多学习积累经验的机会。

所以对于那些刚刚离开校园的年轻人来说，应该做到防患于未然，未雨绸缪，这样会留给自己更多的机会。现实生活中，如果我们可以在做一件事以前，预先把这件事的准备工作做好，那么我们就不会由于准备不充分而遇到问题，自乱阵脚，使得事情无法掌控，而终以失败告终了。

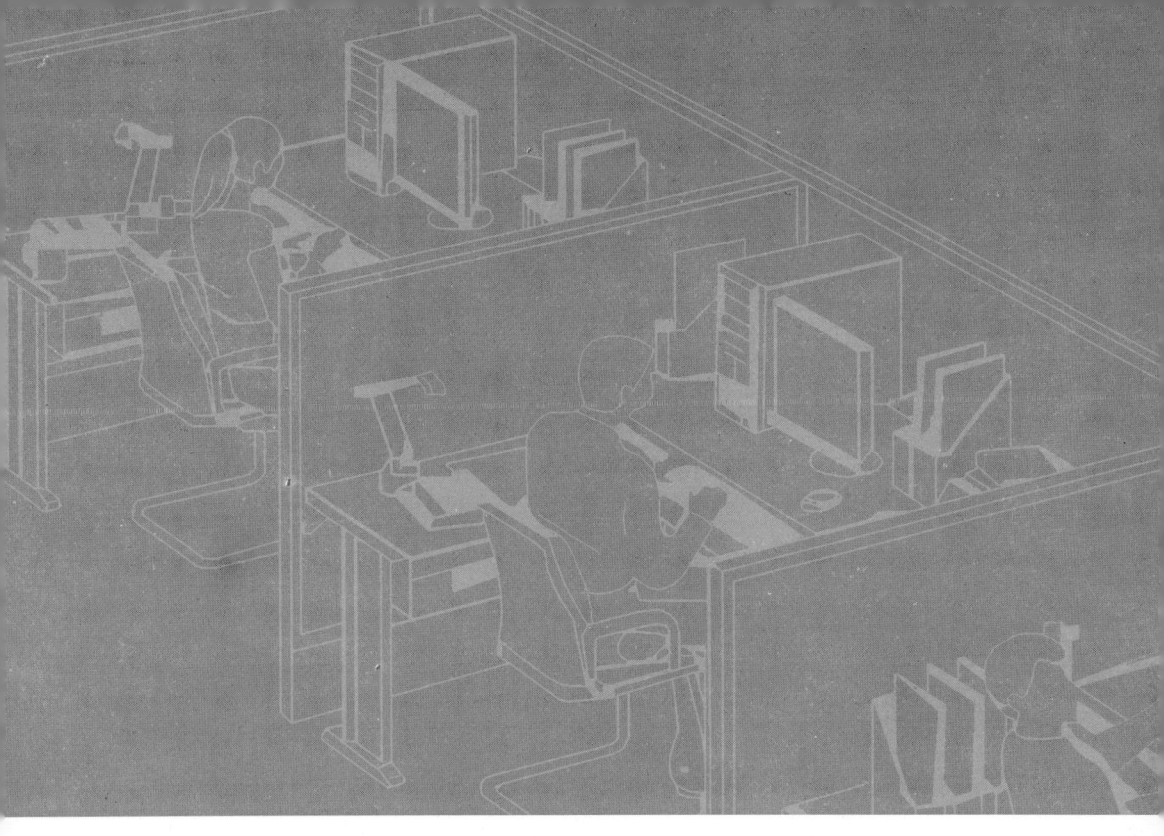

第八章

上班族创业热身
——兼职创业

第八章
上班族创业热身——兼职创业

谁说"一心不能二用",只要你有着一个自己的特长,一项过硬的技术,通过兼职,上班之外给自己增加点额外的收入未尝不可。当然兼职创业不仅仅是改善你的生活,更重要的是它可能会帮你找到一条真正属于自己的财富之路。

你适合兼职创业吗

在实际生活中,哪些人拥有着得天独厚的"兼职条件"?而哪些人还能够在兼职的同时又获取高薪?下面,我们就给适合进行兼职创业的人员归类,也许你可以从以下的分类当中寻找到自己的位置。

1. 大学生。大学生的时间比较灵活,而且,大学生的精力通常很旺盛,兼职活动不但能够让他们赚足零用钱,还能够让他们在社会中不断积累经验,所以,很多大学生都希望自己在学习过程中拥有一份兼职。从另外的角度上说,在校生的劳动力相对"低廉",考虑到"廉价劳动力"这方面,很多企业也会主动和大学生联络,或是在兼职帖上发帖,雇佣兼职者。有项调查结果显示,大学生有兼职经历的人数高达50%,并且,他们也成为家教、派送、代理、会展接待等工作的主力军。

2. 待业人员。对于毕业后仍然没有找到工作的待业大学生、下岗工人来说,共同的特点就是在某个阶段内没有专职工作,处于谋生的考虑,应当先找份兼职,因为兼职和专职相比,门槛通常较低。兼职做得好,很可能会因此获得"转正"的机会,即使转不了正,也能够积累些工作经验,对于刚刚走出校门口,还没有工作经验的大学生来说,做兼职对日后步入社会来说非常有益。

3. 有专长的企、事业单位人员。如果你是医生、律师、软件工程师、编辑、翻译、教师、会计、书法家、画家、小提琴家等，那么你就相当于拥有了得天独厚的兼职优势。律师兼职为担任企业法律顾问，教师外聘兼职上课，小提琴家兼职演出……这些都是在不耽误正常工作的情况下充分发挥自己的职业特点，并且，这些人在做兼职的同时获得了丰厚的报酬，有时候，他们在兼职中所获得的报酬甚至比本职工作还要多。

4. 自由职业者。自由职业者最大的优势就是时间自由，因此，完全能够身兼数职，从事着不同的工作。劳动部门调查的结果显示，"身兼数职"在非全日制工作人员中非常普遍，自由职业者兼职的几率高达6成以上。并且，这些人都有个共同的特点：自律性非常好，可以利用个人技能、才华灵活地选择职业，同时非常强调丰富多彩的生活体验，拥有比较高的收入。

5. 兼职当创业的小白领。几年前，上海浦东新区开始试点，允许在职人员投资入股，打破了在职人员不可以当老板这一坚冰。在职人员出资入股"解禁"的第一个月，便有245名在职人员实现了"兼职老板"的梦。这些人在公司之中都是服从命令的好员工，下班后通过兼职创业变成了小老板，享受了"鱼和熊掌"带来的不一样幸福。

另外，我们从兼职种类来看，对于一些要求不高、进入门槛很低的兼职，大家是完全可以尝试的。比如派送、市场调查、打字员、礼仪、促销等。当然也需要提醒大家的是，兼职并非人人可做，对于本职工作不堪重负的人，对于无闲暇时间的人，还是不要进行兼职创业，以免得不偿失。

兼职创业是个"技术活"

估计很多人都没有想到，相当多的亿万富豪都是起家于 8 小时之外的。

马化腾的创业历程

大家熟悉的马化腾，他的身价现在大约是 20 亿元人民币左右。早在深圳大学学习的时候，马化腾的电脑技术水准就已经让老师和同学刮目相看，他不仅可以成为各种电脑病毒的克星，还能够为学校电脑网络维护提供不错的解决方案，与此同时还经常做一些将硬盘"锁住"的恶作剧，让学校机房管理员哭笑不得。

马化腾在大学毕业后去了深圳润讯公司上班，他是个喜欢折腾的人，即便是业余时间，他也不会闲着，曾自己投入 5 万元，在家中搞 4 条电话线、8 台电脑，担负着网站深圳站站长工作，每天都会在除工作之外的空余时间忙个不停。

通过网络，马化腾认识了很多朋友，比如，网易的丁磊。这对马化腾后来走向创业的道路有非常大的启发作用："当年一起喝啤酒时，我们只不过是打工仔，还不了解未来。丁磊后来的成功带给我很大的启发，只要去做，没什么事是不可能的。"

利用业余的时间，马化腾不断帮助朋友的公司解决软件上的问题。他与朋友们合作开发了股霸卡，在赛格电子市场卖得非常好。这让马化腾不但在圈内有了些名气，还让他有了一定的原始积累，加上业余炒股赚取的 70 多万元，马化腾手中积累下来的创业总资金超过了 100 万元。

1998 年 10 月，马化腾辞职，紧接着创办了腾讯。在决定做聊天软件的时候，当时国内已经有了两家公司在做，产品要比腾讯更有市场名气。马化腾没有想太多，只是想着赶紧挣钱，他曾经想把项目卖给中华网，但是后者说要到3万用户才买。现在来看，他庆幸当初没有贸然行事。他经常这样告诫同行："要在互联网上掘金就不能只看到眼前利益，许多很有才华的网络人才往往没有注意这一点而失去了长远机会。"

丁磊的创业经历

身价高达102亿美元的丁磊，曾经连续3年成为中国的首富。但是很多人恐怕都想不到，丁磊的第一桶金，大约50万元人民币，大部分都是在8小时之外辛苦写软件挣来的。拿着这些辛苦积攒下来的钱，丁磊在一间只有7平方米的房间里，开始了自己创业的第一步。

充分利用8小时之外，一定还会让你有许多意想不到的收获。比如，柳传志手下的干将之一——弘毅投资公司总裁赵令欢，也是在"8小时之外"与柳传志结上缘分的。

曾任百度公司的副总裁梁冬，拥有百度12万股期权，价值约1000万美元，他的这笔"横财"绝对是"8小时之外"掘来的。梁冬早先是凤凰卫视的娱乐节目主持人，后来因为偶然的一次机遇，与百度高层相识，并且成为了百度的顾问。在与凤凰卫视的劳动合同到期之后，梁冬顺理成章地成了百度的副总裁，并获得了公司0.4%的股权，在百度上市之后，梁冬很快暴富。

丁磊、马化腾，他们在成功之前的业余工作中，不仅非常幸运地掘到了第一桶金，而且所从事的都是自己喜欢的事情，而且还从中为自己找到了未来事业大发展的机会。

其实这才是他们日后成功的关键。而且他们从事的行业都是属于IT，IT正是目前兼职最热的行业之一。这也就是人们对IT的热情依然不减的原因。

兼职要分配好自己的时间

最近几年，IT 行业的发展越来越迅速，很多创业英雄都在 IT 行业中取得了巨大成功，使得一部分人定下了要在 IT 行业中谋求发展这一目标，并非专业出身的人士在这样的环境当中，或多或少会接触到很多 IT 行业的专业知识、技能，对于他们现在喜欢和想选择 IT 为兼职来说有着密切关系。小到网页设计，大到程序编程，很多 IT 行业的狂热分子正准备"出手"。

马化腾和丁磊 8 小时以外的例子告诉我们，做自己喜欢的工作对未来的成功来说尤为重要，但更重要的是把自己的时间分配好，因为只有这样，机会来临时我们才可及时抓住它。

虽然我们不能将全部的精力放到兼职上，但应当秉承着"干一行爱一行"的原则。不管我们做工作，还是做兼职，都应当用心去做，不能应付了事，以为兼职就可以了，以增加一部分收入为主要目的，那样的话，很难从兼职上有所得。

还有，一定要注意分配好自己的时间，不能因为兼职盈利丰厚而让它占用自己绝大部分的时间，也不能因为工作的原因而忽视了自己做得非常不错的兼职，认为不上心兼职也能为你盈利。每天上班的 8 小时应当充分利用起来，做好自己的本职工作，在那 8 小时之后，以及周六日、节假日的时间，应当专心做自己的兼职，不要求做到最好，但必须要能做得更好。

边工作边创业主要应注意什么

在这个创业浪潮"汹涌澎湃"的时代，越来越多的人希望能轰轰烈烈地干一番属于自己的事业，但由于工作时间紧、资金有限、缺乏经验

等各种原因，这些胸怀梦想的人不得不继续徘徊在自主创业的大门之外。于是就有人选择了一条中间路线：一边工作，一边创业。听起来倒是不错，在具体的实施过程中，有哪些需要注意的问题呢？

出于降低风险考虑，可先从兼职做起

先从兼职做起，既降低了创业风险也体会到了创业的滋味，是一个不错的选择。目前，在很多一二线城市，上班族做兼职早已不是什么稀奇事儿了。兼职的种类五花八门，具体情况根据各人能力和机遇而有所不同。不过，无论选择做哪种兼职，都可以积累经验，锻炼个人能力，同时还可以积累一定的资金。

选择兼职时，要注意与自己的特长和未来的发展方向相结合。做兼职的目的是为了缩短自主创业的距离，千万不要为了兼职而兼职，为眼前利益而忘记了对自己能力的锻炼和资源的积累，这就与最终目标越走越远了。

区分好兼专职，避免本末倒置

上班族创业，其最大的优势就是可以充分利用工作中积累的资源和建立的人脉关系，来为自己未来的事业奠定基础。

张文原来在一家图片插画制作公司工作，在工作中与很多单位都建立了良好的合作关系，积累了丰富的人脉。时机成熟后，他辞去了原来的工作，自己成立了一个图片插画工作室。这一工作对于他来说简直就是驾轻就熟，因此他几乎没有冒任何风险，便踏上了成功之路。

有一点要注意的是，在离职创业之前，不能损害公司的利益，将公司的生意与个人生意本末倒置，这样做不仅违背了做人最起码的道德，而且还可能会受到法律的制裁。另外，要掌握好时间和精力，不能因为自己的创业活动而影响自己所在公司的正常工作。

与人合伙创业

有些上班族创业在时间上不是很充足,但只要拥有一定的资金,或者拥有一定的技术和资源,就可以寻找合作伙伴一起进行创业。找合伙人一起创业需要注意的是:责、权、利一定要分清楚,最好形成书面文字,有双方签字,有见证人,以免到时候发生纠纷而空口无凭。

仔细权衡,选择合适的投资项目

据某机构的一份调查显示,上班族最热衷的创业项目一共有10个,分别是:网上开店;便利商店;饮料冰品店;连锁加盟餐饮;摆地摊卖服装饰品;炸鸡排、咸酥鸡等小吃摊;咖啡店;语言补习班;升学补习班;瘦身美容用品或服务。这10个项目有一个共同特点,就是资金投入较少,另外一个特点就是管理相对简单,不至于牵涉创业者的太多精力。

此外,可以选择做一个好的产品代理。随便翻开报纸、杂志,到处可见寻找产品代理的广告。有些人对此类广告抱有一种本能的排斥,其实里面同样隐藏着商机,关键在于如何"沙里淘金"。想做代理的人,可以参考以下几条原则:

1. 最好不要选择大公司及成熟产品,通常情况下,大公司产品市场已经相对稳定,不过利润空间较小,条件苛刻,对创业者投资实力的要求非常高。

2. 产品应当拥有其独特性,进入门槛宜高些。有的产品本身非常好,不过很容易被仿造,短时间内利润便会被摊低。这种情况导致的损失最大,除非厂家本身是代理商。

3. 最好直接和生产厂家取得联系,若是打算做二手或三手代理,应当考虑好以下三个问题:首先要考虑上级代理商留出的利润空间是多大;其次要考虑上级代理商的人品和信誉怎么样;最后要考虑上级代理

商和生产厂家之间的关系。

取长补短是你最佳的"吸金器"

取长补短,才能相得益彰。团队需要的就是这种"共生"的关系,只有"共生"才能共同发展,共同进步,才能使一个团队拥有更强大的凝聚力。

在团队中学会合作

一个团队中,每个人的能力都各有千秋。不能说谁的能力一定就高于谁的,情况不确定,每个人的能力也不能界定。关键在于,团队里的每个成员是怎样配合的,只有取长补短,才能齐头并进。

众所周知的"木桶效应",就是说一只木桶能盛多少水,取决于木桶上最短的那块木板。所以想要盛更多的水,就要把木桶的边缘补齐,否则,永远不可能盛最多的水。这就需要身在职场中的你,能够吸取他人的长处,弥补自己的不足之处,切不可因为自己有过人的长处,就自以为是。自古至今,因为自以为是吃亏的人,并不在少数。

一个人中了武状元回家,途中一条河挡住了他的去路。这时候他看到河边有一个船工,就出钱雇船工载他过河。船工听说他是当今武状元,钦佩之情犹然升起。

船离开岸后,武状元看到了撑船用的竹篙,便问船工:"你会射箭吗?""我哪会射箭,只会摆弄撑船的竹篙。"船工笑呵呵地说道。

"连箭都不会射,你的人生就失去了10%的意义。"武状元用一种戏谑的口气说道。

这时,武状元又看到了船上的缆绳,他又问道:"你会骑马吗?""也不会。"船工干脆地回答道。

"骑马也不会,那你的生命就失去了20%的意义。"武状元用轻蔑的语气说道。船工听出了武状元是在故意挤兑他,方才对武状元的好感便消失了,于是自己不再做声。

船到河中央时,忽然大雨滂沱而至,狂风呼啸而来,河水顿时卷起了千层浪,眼看船就要翻了。武状元吓得面如土色。只听船工问道:"你会游泳吗?""不会。"武状元惊慌失措地回答道。"那你的生命就失去100%的意义了。"船工用一种爱莫能助,万般无奈的语气说道。

职场中,一个人本事再大,能力也有限;一个人能力再不济,也有过人之处,就好比是武状元和船工之间的对比。

社会的发展让个体的分工越来越细致,没有谁是万能的,可以把所有的工作都做到得心应手。取长补短,如果那个武状元不去嘲笑船夫,没有从心底里看不起撑船的人,而在身怀武技的同时学习游泳,谦虚地与他人学习游泳这项技能,那么他就可以在遇到翻船情况的时候从容应对。取长补短能够让我们在一个职场里和别人进行沟通和交流,切磋和学习,以达到把工作做到最佳效果的目的。

职场中一样可以拥有友情

很多人都说,在职场中没有永远的朋友,但是我身边的一个事例向人们证明了,职场中一样可以拥有友情。

最初的时候,张宁和佳欣两个人并不熟知,后来她们在工作的过程中发现双方可以能力互补后,才建立起不同一般的同事关系。

她们两个人同时在北京一家广告设计公司工作,张宁负责文案策划,佳欣负责图片设计制作。刚开始的时候,她们各自负责不同客户的广告设计,不久设计总监就发现她们设计作品的思维和风格有明显的缺陷。佳欣在绘图能力和电脑操作能力方面比较突出,但是创意方面略显平常;而张宁刚好相反,创意和整体策划都不错,但在绘图方面的表现力始终有所欠缺。

很多次把她们各自设计的图稿修改了 N 遍也不能让客户满意，后来设计总监无意中在对两个人的设计进行比较后发现两者居然有互补的倾向。于是，试着让张宁和佳欣对同一个客户资料相互沟通，并且合作完成同个产品的设计方案。

两个人接到总监的指示，在统一了大体方向后，就由张宁负责整个广告方面的文案和策划，佳欣则进行绘图方式的表达，这样设计出来的作品结合了两个人的优势，创意独特，让人耳目一新，几乎没改动就通过了。

通过那一次的合作，她们之间的合作越来越多，并且默契度越来越好，两个人因为出色的工作表现成了公司的知名设计组合，同时也为公司赢得了越来越多的客户。

拥有相互间互补的才能

在职场的共生环境里，我们应该像张宁和佳欣一样，要有可以相互间互补的才能，这样既有利于个体的发挥，也利于我们工作的开展。形成一个好的共生环境是不容易的，首先我们应该对这个环境里的同事充分信任和尊重。尽量做自己擅长的工作，把自己的优势突显出来。在刚开始融入一个团体的时候，不管你的才能有多突出也不能恃才而骄。好的工作是由大家合作完成的，不是某一个人可以全权包揽的。

同时，和同事沟通也很重要，只有这样你才能知道对方有什么你所不能的优势，在工作的合作中才能更默契地配合。不要以工作上的利益来衡量自己的个人得失。一个良好的工作氛围是靠友好和坦诚营造出来的。如果一个共生的环境产生了人际关系或其他工作方面的矛盾而无法解决的时候，要考虑是否是自己行为和沟通方式上有了问题，如果错误发生在自己的身上，要及时地改正；如果不是，要真诚地、善意地帮助他人纠正。

俗话说：尺有所短，寸有所长，一个成功的共生环境有着惊人的凝聚力。在这样的场所里，每一个人都会因为自己能适当地发挥才能而觉得受到了尊重；在这个环境里既保持了个体的优势又调动各同事间对工作的积极性。作为"共生"关系里的一员，对自己的工作充满热情，与同事和谐，这才是最根本的"共生"之道，也是团队精神的精髓所在。

六字箴言：稳、准、狠、短、平、快

一个创业成功者在刚开始的时候，成功进行了原始资本的快速积累，还有一个18岁创业，25岁就身家百万的创业成功人士，他们在谈到如何才能够在创业初期快速积累原始资本的问题时，都讲到了"稳、准、狠、短、平、快"这六字箴言。

稳，即创业前必须进行详细的市场调查和市场分析，了解自己开发的项目发展空间、周期，以及其他相关信息，同时做份详细的创业计划书，了解何时、何地如何去操作、盈利、管理等，只有把握好这些方面，你的创业才能打好根基，才能有发展规划。

准，就是说必须懂得什么时间进入市场最好，什么时候该全力出击，并且一击必中，什么时候该放弃市场，转而经营别的项目，千万不可以死守空城，到最后输得干干净净。

狠，即在创业的时候寻求最佳时期，比如，在销售旺季投入大量人力、物力，这样才可以实现利润最大化，你应当竭尽全力出击，让自己的生意变得越来越红火，并且一定要抓紧这个机会，抓紧资本原始积累的最佳时间段。

短，这个字能够充分说明资本原始积累的投机性、周期性，提醒我们应当在一个相对时间内完成资本迅速增长，然而，想要达到这个目标，就要首先摸透市场，即前面提到的"准"，从出手至收手，中间的高回报带出的利润可以让你拥有更扎实的创业实力,这点是比较难的,在现实生活中,很多人在出手后会处在满足回报的过程里,最终看到市场上更多的竞争对手,市场就会被大家瓜分掉。

平,这个字的意思就是说风险大小的相对性,当你在为全力出击大量备货之时,你的风险就会大大提升,一旦你将货物积压,我们可以想象,自己还能低价转手吗?可以折价销售吗?所以,在选择之时,必须看清自己所做事情的风险在哪,同时弄明白怎么去转嫁风险,为自己找一两条后路,这样才能够大大提升创业成功几率。

快,其实,这个字我们在上文之中已经提过,资本的原始积累是个从小到大的过程,若是做长线,那么,回收期一定会很慢,并且,小资本可以做长线的项目比较少,等看到大鱼时估计也是多年之后了,因此,这里面提到的快,可能是两三天、可能是3个月、还可能是6个月,当然了,这并非针对不同项目来讲,有些项目根本不能算得上是快速原始积累,比如,你想要在大学的校园附近开餐厅,这样的项目做长线更加实在些。

"四项基本原则"兼职创业

在创业的道路上,我们必须要遵循各种各样的原则,兼职创业也是如此。对于现在的兼职创业者而言,在创业的过程中必须要遵守四条原则:强烈的使命感,对顾客和产品有敏感的认识,高速的创新能力,创业者的自我激励。

1. 强烈的使命感。创业者最终能否获得成功,这和项目、资金、个人能力都是有一定的关系的,但是能否支持你走完创业这段创业旅程,则跟你有没有强烈的使命感有很大的关系,换句话说,你创业到底是为了什么。这其实不是能力问题,而是世界观问题。有的人创业可能是为了赚钱，而有的人创业则是为了糊口，如果你的创业目的仅仅是如此肤浅的话，那么你的创业也是很难获得成功的。

创业就是一件极具挑战的事情，而使命感是做大事必须拥有的一种精神。每一个获得伟大成就的人都具有强烈的使命感，也正是这种使命感促使他们不断学习，不断进步，最终真正创业成功。

2. 对顾客和产品有敏感的认识。对于创业者而言，创业的目的就是为了获得更高的收入，而这些收入则是来自于顾客，因此，你的产品和服务就是连接创业者和顾客的唯一方法。产品是获取客户认同的第一要素，因此你必须要充分了解自己的产品，这样才能够对顾客的要求进行迅速的回应，这样也才能够让你的产品越来越好，事业越做越大。因为你在给自己增加收入的同时，也是给顾客创造了价值，这个过程不仅你会非常开心，你也会发现，创业变得更加容易获得成功了。

3. 创新能力。在现如今竞争空前激烈的情形下，创业者必须要进行不断地创新才能够生存下去，可是到了一定阶段，创业者通常就会成为了管理者，更多的是考虑管理和延续发展的问题，这样是很容易忽略创新的价值和能力的。其实当你在成为了管理者之后，应该更离不开创新意识，因为只有这样你的企业才可能有新目标，才能够继续发展，如果停滞不前，企业是非常危险的。

4. 创业者的自我激励。做任何事情的动力都来源于自身，也只有存在内部动力，我们才能够继续勇往直前，同时让自己变得更加自信。创业者也只有不断地自我激励，才能够有动力继续前进，让自我激励成为公司当中每一个人都认同的标准，这样的企业也才是有活力的。

上班族兼职创业这真的不是一件容易的事情，但是也并没有大家想象的那么困难，只要你找对了方法，那么成功就唾手可得。

业余经商，小资本也可以过老板瘾

我们这一代，正赶上计算机、网络普及的时代，与父辈们相比，我们有着更为优越的成功必要条件："80后"创业者往往更具全球化的眼光，他们迷恋网络，并愿意为了梦想，付出常人难以想象的时间和精力。Mysee直播网总裁高燃、北京康盛创想（北京）公司CEO戴志康、泡泡网首席执行官李想、北京爱航工业公司首席架构师茅侃侃都是"80后"新贵，都因为少年得志而成为媒体新宠。

对财富的强烈渴望

对财富的强烈渴望决定了新一代"80后"创业者的成功，因此，如今"创业"的代名词不再是"鲁莽""投机"和"风险"，取而代之的是"机会"。

我们都知道，要想挣钱，要么去打工，拿自己的时间、脑力、体力与老板作交换换取报酬，打工者很少有财务自由的，总是处于生活和工作的压力中；另一种就是自己做自己的老板，通过投资实现财务自由。试想一下，如果能将二者结合，上班族利用业余时间经商，那么，将获取双倍的回报。

不久前，有一家台湾机构调查上班族最热衷的创业项目，一共有10个，依次为：摆地摊卖服装饰品，炸鸡排、咸酥鸡等小吃摊，咖啡店，开网店，便利商店，饮料冰品店，连锁加盟餐饮，语言补习班，升学补习班，瘦身美容用品或服务。这十个项目有一个共同的特点，就是投资较少，而且较为方便。

当然了，再方便的资本经营也是要付出努力的，有多少人曾经因为经商太辛苦而中途放弃。因此，不管你是创业者还是普通的打工族，在

第八章
上班族创业热身——兼职创业

打算投资创业之前都应该给自己设定一个目标，可以是长期的，也可以是眼前的。但要记住，目标是给自己定的，而不是给外人看的，适合自己最重要。

不少有创业想法的年轻人都会反复犹豫同一个问题：自己适不适合创业，在没有经商经验的情况下怎样才能从小做大？其实这一点很容易就能够得到答案，你可以拿50元钱去当地的蔬菜批发市场批发蔬菜，然后到你熟悉的居民小区去卖。如果一天下来能把菜卖掉，并且还挣到了钱，那就证明你能够去做生意。如果你连这一点都做不到，那就要好好思考一下了，也许去上班做好本职工作更适合你。不要小看贩卖蔬菜，还在读大学的张强就是借此赚取了自己的第一桶金。

张强今年21岁，是某省会财专大二的学生。看上去这个个子不高、略显瘦弱的男生与其他学生并没有什么不同，但据他的同学说，他一出校门就打车，还有就是电话特别多。

事实上，外表并不起眼的张强在外可是小有名气的。张强的家位于郊区的某蔬菜生产基地，村里人大多以种植蔬菜为生。据他讲，在他刚上大一的时候，他到学校附近的村子里看望一位老乡，发现村里到处都是人力三轮车，在老乡租住房的楼道里，也停着两三辆三轮车。老乡告诉他，这些三轮车都是用来给省会各饭店送蔬菜的。

张强的脑子里冒出来一个大胆的想法，自己的老家就是产蔬菜的，何不自己找车将蔬菜拉来卖？有了想法马上就付诸行动，张强跑到周围的几个饭店，饭店的老板们都表示，只要蔬菜新鲜，价格合理，他们就要。张强心想，现在销路有了，只要出运费，找车拉菜应该没有问题。父亲可以从村里其他菜农那里收蔬菜，这样货源也不是问题了。

在业余时间里，张强跑遍了省城的各大饭店，联系了每家有蔬菜需求的饭店，无论规模大小，只要需要蔬菜，就与其签订蔬菜供求协议，之后再组织运输车辆从家乡运来蔬菜。有人曾笑称他提供的是蔬菜产、供、销一条龙服务。

与此同时，张强的辛苦也给他带来了丰厚的回报，他是同学中"最先富起来"的人,不仅学费、生活费不用再向家里要,他更为自己将来的创业积蓄了本金。此外,他的功课数《会计基础》学得最好,据张强自己说,因为每天都需要不停地计算,想学不好都不行。不过,尽管张强的生意做得红红火火,但他与父亲有一份协定,就是绝不能耽误学习。

由此可见,只要肯动脑,贩卖蔬菜也能发大财。不过,商场即战场,张强只是其中比较幸运的一个。市场风云变幻莫测,百万元投资也可能只是打个水漂儿,根本显现不出来。对于"80后"的年轻创业者来说,更要加倍小心。

小于刚刚毕业一年,因看不惯老板的为人,工作仅半年就出来自己创业了。小于选择投资铁板烧烤炉项目,并对此充满信心,他认为这个项目必将给他带来不菲的收益。通过关系,小于轻而易举就从银行"套"到了大笔资金,这更加让他信心爆棚。小于很看不起同行们缩手缩脚、小打小闹的样子,他认为,要干就大干一场。

这种盲目自大的心态使他忘记了自己企业抵抗风险的能力。他一心只想扩大投资规模,将"摊子"铺得越来越大,公司负债也随之越来越多,对此小于却毫不在乎,一点也不感到害怕。在他看来,一旦企业运转起来,这些债务都不是问题。

但等到企业运转起来之后他才发现,同样生产铁板烧烤炉的竞争对手的钱也赚得差不多了,开始拼命压价,小于的产品生产出来了却卖不出去,顿时陷入危局。

像小于这样一开始就把摊子铺得很大,几乎是一些创业者的通病,殊不知种种危机蛰伏其中,一不小心就可能全盘皆输。同时,在经济快速增长的时期,人们更容易信心超支,对未来估计过于乐观,藐视风险,一旦有风吹草动,就会陷入危局和困境。民营企业中有名的史玉柱的"巨人"大厦就是一个例子。

创业还应当讲究时机。与曾经风靡一时的"珍珠奶茶""久久鸭""懒汉排骨""周黑鸭"一样,在前段时间内,有30几家自称来自湖北、打着"中国式比萨"招牌的土家烧饼店一夜间在大街小巷冒出来，当时，他们的生意非常火爆。但不出半年，其中一半以上的烧饼店都关了门，还有的正准备改卖馅饼，部分店面仍然硬撑着，可生意却大不如从前。

要知道，经商并不是谁都能做的，对于80后来说，选择经营项目时应当多进行对比，多方了解。最好选择些朝阳行业。对于一个行业来说，只有在最初形成时才能降低门槛，接受早期从业者资金少、能力低、经验有限的劣势，直到这个行业发展至比较成熟之时，这个行业就成为资本之天下，逐渐从自由竞争发展至垄断竞争阶段。

通过调查，大量创业研究专家、生意场实战人士都非常看好下面几个行业项目发展"钱"景，80后的创业者可以根据自身情况从中进行选择。

餐饮业

中国有句古话："民以食为天。"我们每个人都必须吃饭，我国的人口众多，餐饮业有非常广阔的市场。未来的几年中，餐饮业仍旧是最被看好的大众创业行业。此外，餐饮业由于投资门坎低、爆发力强，一直非常受从商人士欢迎。从目前的情况来看，早餐店、休闲饮品店、中式特色小吃店等都非常具赚钱潜力。经营早餐店和休闲饮品店的成本低、利润丰厚、回收快，平均的投资成本为2～10万元，而平均净利润高达25%～35%，通常6～9个月就能够收回投资成本，所以，很多创业者会首先考虑。

此外，随着各地百姓生活档次的提升，相对于锅贴、粥品等传统中式小吃来说，各种中式地方特色小吃也大都有兴起的趋势。

"健康"产品

在前面我们已经提到,人只要没病就是赚,投资健康即为最大的节约。如今,人们的生活水平不断提高,人们对健康的关注度也越来越高,而和人们健康密切相关的就是药品和健康食品,这些皆为"钱"景非常好的创业方向。

通常情况下,综合药品店、中药店的投资成本皆在50万元以上,毛利润大概为35%,投资回收期比较长,适合资金充足的创业者长久地发展下去。

现在的健康食品店主要分成天然健康饮品店,以及讲求养生、食疗的健康食品餐饮店,但是,后者的开店成本相对较高,约需40~60万元。不过,健康饮品店的投资门坎则比较低,开店成本约为10~15万元,适合小本儿经营者,不但易入行,并且现在的毛利高达60%,一旦成功,那么健康概念行业就会是赚钱速度最快的。

儿童产品

如今,计划生育已经被普及,大城市中的很多家庭都只拥有一子或一女,如此,孩子便成了家庭消费轴心,家长在为婴幼儿选衣服、玩具等商品的时候,会关注商品的安全性、教育性、个性化。所以,一些品质优良、价位合适的品牌儿童用品专卖店,将会变成未来婴幼儿用品市场之主流。

现在,投资国内品牌婴幼儿用品专卖店的成本通常在15~25万元左右。但是因为采取了品牌专卖经营的形式,货品质量便可获得严格保证,利润非常丰厚。

女性用品

女性用品如今也是非常不错的赚钱机会，女性的经济能力、消费观念在不断上升，现在，各种新型化妆品概念正在逐渐改变中国女性的生活，嫩化肌肤、美甲、头疗、SPA、舍宾等新名词吸引了很多女性朋友，帮助他们获得了赚钱的机会。

据业内人士透露，之前雇佣几个美容师、买几张美容床，只需几万元的成本就能够办成一个主要做化妆护理的美容院。但是现在，美容业在不断发展，要想投资个竞争力较强的高档美容院，最少要投资60万元以上才可以。但是，因为美容产业拥有高额利润回报，只要生意可以步入正轨，两年内就能够收回投资成本。

老年产品

若是按照国际上60岁以上老年人口达10%、65岁以上老年人口达7%便进入老龄化社会的标准来计算，早在1999年，我国便已进入老龄化社会。我国为世界老年人最多的国家，在我国，老年用品、服务的市场需求是每年6000亿元，但从目前的情况来说，为老年人提供的产品、服务却不足1000亿元，供需间的巨大差距使得老龄产业出现了无限商机。

并且，我国老年人的消费能力是非常可观的。仅仅退休金一项到2010年便高达8383亿元，所以，老年消费市场是个现实存在的非常大的潜力市场。

综上所述，上班族只要用心观察，眼光精准，正确判断，勇于出手，再加上一点吃苦耐劳的精神，在工作之余赚些外快并不是件难事。

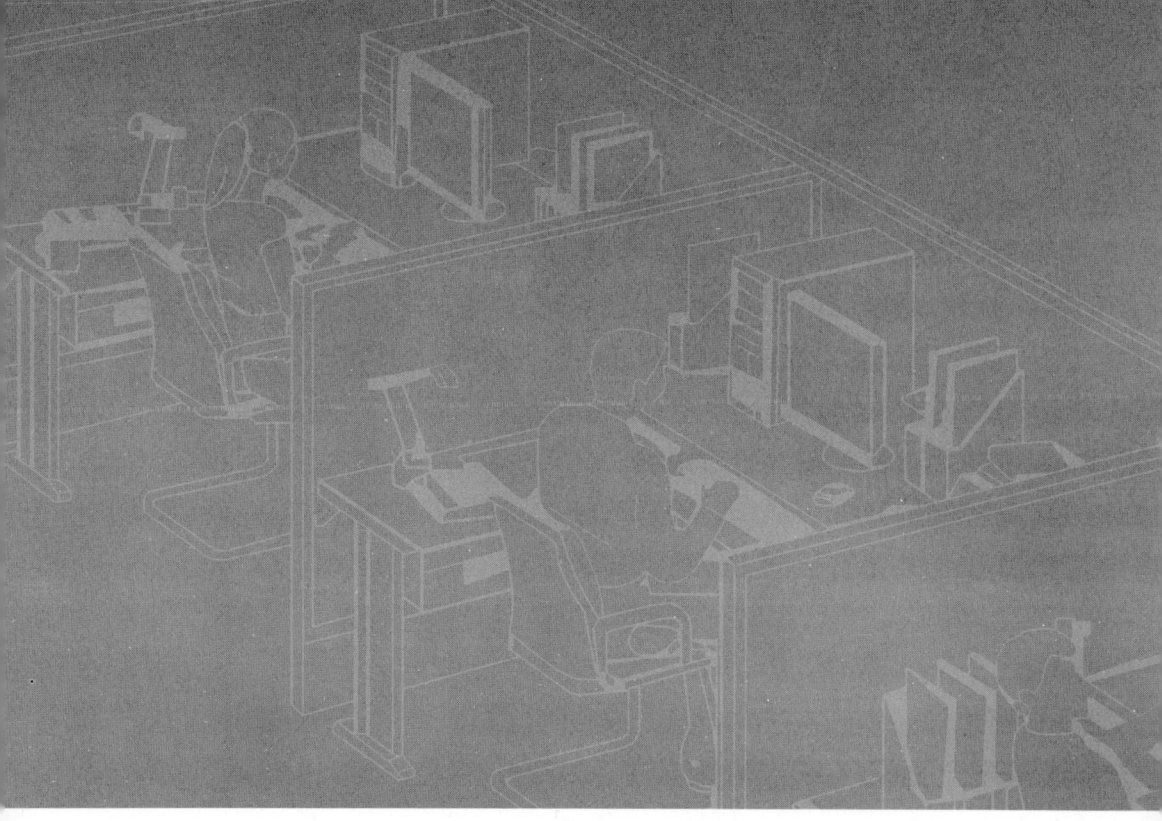

第九章

告别"单枪匹马"的时代
——合伙创业

第九章
告别"单枪匹马"的时代——合伙创业

这已经不是崇尚"孤胆英雄"的时代，想要成功，想要实现自己的财富梦想，"无人"不行！也许你的资金不足，也许你的经验不够，也许你的方向不对……但是只要你身边有着"高人"便和他们一起创业去吧，唯有创业才能真正让自己获得成功。

别在单打独斗的路上累死

在现如今这样一个经济大循环的世界里，"孤胆英雄"的时代已经过去，个人的作用正在下降，群体的作用正在上升。想要成就一番事业，仅仅依靠一把人、少数人是不行的，我们需要一支队伍、一个组织、一个群体的共同奋斗，更需要众人智慧的碰撞，团队的合作。

所以，在职场当中，多结交一些朋友对自己的发展是非常有利的。一个人的成功离不开朋友的支持和帮助，单枪匹马、单打独斗的人往往会在现如今的社会中摔跟头。

多结交一些朋友

我们多结交一些朋友，多学习一些与人交往的技巧，就能多几个朋友，多一些资源和机会。毕竟，一个人再神通广大，也有"玩不转"的时候。特别是随着全球化趋势的不断加强，市场经济的不断发展，人与人之间、企业与企业之间的合作变得越来越密切的情况下，一个没有合作精神的人是很难在事业上有所发展的。

李晓彤和很多小公司的创业者一样，由于不满老板的独裁，觉得没有发展的前途而愤然离职，自己跑出来打天下。

李晓彤是学设计出身，后来改做客户经理，出来创业，广告业自然成为首选。她租了一套公寓，之后就招兵买马干了起来。由于原公司的一些客户都还买她的账，再加上遇到广告业蓬勃发展的好时机，李晓彤的公司一点一点地做了起来。没几年的功夫，公司就搬到了写字楼，业务从平面广告扩展到了电视广告，各种公关活动也是应接不暇；看着电视剧市场的红火，李晓彤甚至在考虑，是不是也应该想办法在这个里面掘一桶金。

但是设计出身的李晓彤是一个完美主义者，下属做出的提案总是要一改再改，又因为担心客户经理无法准确地表达出自己的意思，于是就亲自出马去见客户。而每一个给客户的稿子，也必须要先经过她的首肯。

总之，大到几十万元的单子，小到几十元的办公用品，李晓彤都会样样把关，一个不落。随着公司的业务越做越大，李晓彤越来越觉得分身乏术。老客户知道什么都是她说了算，所以大事小事都来找她；而对于新客户，她又害怕手下的人应付不下来，所以经常自己冲在前面。200万元买下的房子，就这么让它空着，自己每天折腾到半夜，在公司打地铺了事。

李晓彤每天忙得精疲力竭，可后院又偏偏时不时地起火。因为李晓彤的个人魅力而加入的员工，或者是因为她的不信任，或者是受不了她的独裁，三天两头就有人辞职。刚开始时，李晓彤还竭力挽留，到后来干脆一点反应也没有了，合同也不签了，招聘信息常年挂在网上，搜集简历，随时替换员工。

因为公司人员的不稳定，让一些优秀的人才对她的公司望而却步。而李晓彤虽然在广告界有一定经验，但是人无完人，有的时候她自己也无法设计出让客户满意的提案，这让她错过了几个大单子，损失不小。

第九章
告别"单枪匹马"的时代——合伙创业

处理好人际关系

人在职场行走,难免要与各种人打交道,这个时候只有处理好人际关系,对自己的发展才是最重要的。人际关系其实是一种非常微妙的东西,它已经渗透到社会的各个角落,直接关系到个人的成败。此时,是否拥有一个完善的关系网决定了你能否成为最后的赢家。

有很多人认为,比尔·盖茨之所以能够成为世界首富就是因为他很聪明,智商很高。其实他的成功不仅仅是他个人的努力,当中还有别人的帮助,因为他的人脉资源也是相当丰富的。

比尔·盖茨20岁时就已经签到了第一份合约,而且是跟当时世界第一流的电脑公司——IBM签的。当时比尔·盖茨还是一个学生,没有什么人脉资源。那么,他是如何钓到这条"大鱼"的呢?原来,比尔·盖茨动用了他的人际关系。当时他的母亲是IBM的董事会董事,她介绍比尔·盖茨与董事长认识,于是这份合约就很顺利地签了下来。我们试想,如果不是他善于利用关系,也许就不会有今天的成就。

所以,不管你的事业有多重要,也不管你多忙,在工作之余都应该和朋友们经常联系。即使你们在事业上选择了不同的道路,你也不应该放弃你们之间的友情。反过来说,如果你有一个一直忙于事业的朋友,那么也千万不要责备他冷落了你,其实他也很寂寞,你反而应该经常去问候他、关照他。你要记住,友情是无价的,朋友给你带来的幸福感也是其他任何物质都无法代替的。那么,我们应该怎样做才能处理好人际关系呢?

首先,要处处为他人着想,千万不能以自我为中心,应当搞好同事关系,学会从其他角度考虑问题,懂得适时自我牺牲。很多时候,我们所做的工作都要与他人合作,取得成绩后,应当与他人分享,千万不能处处据为己有,把大家的成功独自占有。提供给他人机会,同时帮助他人实现目标,都能够帮助你处理好人际关系。他人遭遇困难、挫折时,你应当及时伸出援助之手,这样,在你遇到困难的时候,别人也会帮助你。

其次，要拥有豁达的胸襟，善于接受别人和自己，及时对别人给予表扬，但应当把握好分寸，不能太夸张，让别人觉得你很虚伪，失去别人对你的信任。

最后，要掌握和同事的交谈技巧，注意倾听别人说话，予以适当反应。聆听时聚精会神；表达思想时含蓄、幽默、生动、简洁。

合伙创业需要你巧攀"高枝"

谈到攀高枝，我们可能就会想到那些没有什么能力的人，好像只有他们才善于攀高枝。事实上，这样的观点并不正确。有能耐的人也需要攀高枝。攀高枝对成就我们的事业来说很有帮助，既能节省成本，而且还不会花太多的时间，那我们为何不去试试呢？聪明的人都明白这样的道理，攀高枝可以借助他人的力量推我们向上。相反，即使我们才高八斗、学富五车，要是不借助一些外力，仅凭自己的力量对我们的发展还是完全不够的。

古时候有名的谋略家姜尚，就连他这样有能耐的人都攀高枝，而且攀得如此巧妙，成了周国的太师，同时也给自己留下了几千年的英名。姜尚又叫姜子牙，是我国上古时期颇有盛名的政治家和军事家。

姜子牙生活在商朝末年，纣王这个昏君，不理朝政，贪图美色，老百姓的生活得不到保障，于是社会矛盾急剧激化。而这个时候，商王朝的诸侯国周国迅速崛起，国君西伯昌也就是周文王励精图治，老百姓安居乐业，国力强大，大有取代殷商之势。

姜子牙就生活在这样的乱世中，虽说自己有着经天纬地的才能，可是想报国的决心在当时的环境下并没有用武之地。他曾在纣王身边做过多年的吏卒，虽然身份卑微，可是他行事却非常谨慎。对于纣王的荒淫

第九章
告别"单枪匹马"的时代——合伙创业

无度和不理朝政的做法,他曾几次想冒死进谏。他想只要自己进谏,纣王就可能会采取一些好的措施来保障百姓的生活,说不定自己还会因此而受到纣王赏识,求得高官厚禄呢。可是后来见到比干等忠臣都因直谏而丢掉了性命,于是姜子牙便改变了进谏的想法,纣王的做法已经让他大失所望,而且他对纣王的做法一点也不看好,觉得殷商的统治危在旦夕。于是,他决定另攀高枝,改换门庭。

当时,西伯昌要复兴周国,除掉纣王。正想找一位贤达相助。姜子牙觉得西伯昌就是他所期望的国君,要是能辅佐他,肯定能成就一番事业。于是,姜子牙为了引起西伯昌的注意,便来到渭水之滨的兹泉垂钓。这是个山清水秀的好地方,人迹罕至,非常适合隐居。而姜子牙来到这里就是为了静观世变,寻找机会。

有一天,姜子牙听说西伯昌要来兹泉附近打猎,于是觉得机会总算是来了。

那个姜子牙当时还没什么名气,因此,西伯昌也不认识他,不过姜子牙在朝歌时见过西伯昌。为了让西伯昌对自己有所注意,姜子牙故意将鱼钩提离水面三尺以上,钩的上面没有任何鱼饵。西伯昌看到后,觉得非常奇怪,于是问道:"像先生这种方法,鱼上的了钩吗?"看到西伯昌对人的态度非常谦和,姜子牙顿觉果真如自己所料,是个不一般的人物。就这样,他开始了进一步试探:"休道钩离奇,自有负命者。世人皆知纣王无道,可是西伯长子就甘愿上钩。纣王自以为智足以拒谏,言足以饰非,却放跑了有取而代之之心的西伯昌。"西伯昌听完后,感到很震惊,他怎么也没有想到,一个生活于深山中的老者竟然对天下大事这样关心,更让西伯昌感到震惊的是,这位老者居然可以猜透他的心思。通过一番猜测,西伯昌觉得这位老者一定不简单,于是立即躬身施礼,说道:"请问贤士高姓大名?""在下并不是什么贤士,老朽姜尚是也。""刚才偶听先生所言,真知灼见,字字珠玑,不瞒先生,在下就是先生口中的西伯昌。"实际上,姜子牙早就知道来者是西伯昌,但是这时他却装出吃惊的样子,惶恐地说道:"老朽不知,痴言妄语,请您恕罪。"

西伯昌诚恳地回道："先生何出此言！今纣王无道，天下纷争，如先生不弃，请您随我出山，兴周灭商，拯救黎民百姓。"姜子牙礼节性地推辞一番后，终与西伯昌一同乘车出山。回宫的路上，姜子牙把当下的形势进行了认真分析，他详细地阐述了自己对时局的看法，听着他的叙述，西伯昌更是觉得自己没有找错人。回宫后，西伯昌立刻拜姜子牙为太师，就这样，姜子牙走上了飞黄腾达的道路。

姜子牙攀上了西伯昌这个高枝，也成就了自己的事业。试想，要是他当初决定继续辅佐纣王或者直接隐退的话，恐怕今天的历史上就不会有他如此响亮的名声。所以，能成就自己的大业，巧妙地"攀附高枝"，还是非常可取的。

所以，攀高枝就是一种借力。借助别人的力量为我们的成功献上一臂之力。这在现代社会中已被广泛应用。往往在我们的日常工作和生活中，攀高枝能提高我们的自身形象和影响力。这样，我们求人办事的路上也就少一道障碍而多一份保障。

那么，应该如何去攀高枝呢？

首先，要找到借力的对象。就拿姜子牙来说，他所找的借力对象是西伯昌，如果找的是个普通百姓，不但借不了力，还可能需要自己借力给别人。

其次，自己本身应当有能够让被借力者赏识的地方。还是以姜子牙为例，他本身才学渊博，懂得治国强兵之法，自然能够让想要统一天下、讨伐纣王的西伯昌看重。

最后，应当找准时机，通过特定的方法让自己借力的对象看到自己的优点、长处，主动要求将你归入帐下，共谋大业。

第九章
告别"单枪匹马"的时代——合伙创业

从"狼狈为奸"看合作之道

在这个世界上,有两种长相很相似的动物:狼和狈。这两种动物都非常喜欢吃猪、羊等家禽。那么人们如何分辨这两种动物呢?原来,狼的两只前腿长,两只后腿短;而狈则是两只前腿短,后腿长。

有一天,小狼和小狈约好了一起去农舍里面偷羊吃。当小狼和小狈来到一个羊圈外的时候发现里面的羊又多又肥,可以饱餐一顿。但是,羊圈的门和墙实在是太高了,小狼和小狈根本没有办法爬进去。

这个时候,小狼想出了一个办法:先让自己骑在小狈的脖子上,之后让小狈站起来,把自己的身体抬高,让自己先进入羊圈把羊偷出来,完了大家一起分着吃。

小狈对于小狼的主意非常赞同,于是小狈就蹲下来,让小狼爬到了自己的身体上。之后,小狈使劲地用前腿抓住羊圈的门,让自己的身体慢慢伸直。然后,小狼将脚抓住了羊圈的门,慢慢把前腿伸进了羊圈,把羊圈当中的羊偷了出来。在尝到了合作偷羊的甜头之后,小狼和小狈就经常这样做了。

合作共赢,互利互惠

我们试想,如果小狼和小狈不懂得合作,那么就无法把羊偷走,这样它们也就无法吃到美味的食物,但是,小狼和小狈却能够亲密合作,互利共赢。

其实,单独的一只狼或者一只狈是没有办法偷到羊的,但是它们通过合作,一方面利用了狈的高度,另一方面利用了狼的利爪,顺利地把羊从羊圈当中拖了出来。

像小狼和小狈这样,懂得取长补短,互相利用彼此的优势,实现双赢，这也是我们人类一直追求的合作的最高境界。

在创业过程中，不管是什么企业，也不管它发展到什么程度，甚至说不管你的能力有多么的强大，肯定会存在一些大大小小的不足。如果你能够及时弥补自己的缺陷并且懂得与同行企业进行合作的话，那么这些问题也许就会迎刃而解。

合作也能解决问题

富士与施乐的合作，就是一个用自己的长处去帮助合作者，让双方取长补短，共同发展的好案例。

施乐复印机公司和富士胶卷公司在日本建立了一家合资企业来帮助施乐销售复印机。经过一段时间的发展，这家合资企业开始在全球范围内向施乐供应产品，而且还成为了开发新技术的伙伴。这家合资企业不断扩大，获得了巨大的收益，而且还向施乐偿付了一定的红利。

其实，这家合资企业真正的价值远远大于此，它帮助施乐在20世纪80年代击退了日本人的竞争，遏制了施乐公司的下滑态势，而且还帮助其赢得了全世界范围内的主动权。

合作可以看成是一种战略

企业和企业之间的合作，这不是目的，而是双方寻求企业更好地发展和运用资源的手段，甚至可以说成是一种战略。

战略联盟时代的跨国公司在国际上，同行的大型企业之间在面对残酷竞争还是相互合作发展的时候，更多的企业通常会选择后一条路，因为这是同行之间协调相互关系的一种新的形势。

现如今，跨国公司在全球市场上"单枪匹马"进行战斗的已经很少了，它们更多的是在战略联盟形成之后，为提高联盟的效率，而付出更多的努力。

就目前我们中国而言，还存在很多的家族企业，在内他们虽然能够团结一致，但是也很容易出现固步自封的现象，不轻易相信别人，不敢和其他人进行合作，结果在竞争过程中错失了良机，最终只能被淘汰。

如果我们用一句话来概括：企业之间的取长补短，共同发展，就是企业通过协作获得外部资源的一种能力。一般而言，企业之间协作的构成要素主要有两部分组成：一是基础要素，包括信任、网络和规则；二是运用基础要素的能力。

故事当中的小狼也好，小狈也罢，只要是对自己有利，可以弥补自己不足的，都可以成为最合适的合作伙伴。你要明白，如果没有其他人的协助和合作，任何人都是没有办法获得持久性的发展的。

好朋友不一定是好搭档

在实际生活中我们会发现，除了具有相似的性格等特征的人会彼此吸引，互相成为朋友之外，一些彼此差距很大的人也能够建立起来非常亲密的良好关系。那么，"互补定律"看起来是否和"相似性原则"出现矛盾了呢？

认清楚自己和团队成员的性格

"互补定律"的产生通常有个重要前提：彼此差异的双方能够在交往过程中取长补短，获取一定的满足感，换句话来说就是性格中依然存在交集，否则，可能会出现厌恶、排斥等情况。有句话说得好："物以类聚，人以群分。"朋友间应当要志趣相投，性格相仿，即使偶尔出现矛盾，也绝对不能影响彼此间的深刻友情。

不过，好朋友不一定会成为好搭档，很多职场经验告诉我们：只要步入职场，就必须面对利益纷争，而利益争执难免会影响彼此间的友情，甚至会导致友情变质。同样的道理，好搭档不一定非要成为好朋友。就拿工作过程中的搭档来说，你可以不喜欢这个搭档，却不能不接受他。

如果你是团队里面的主管，负责让团队成员认清自己及其他成员性格，同时还应懂得为其找出最佳组合，这也非常重要。

对于不同的员工来说，他们就如同盖楼房用的沙子、水泥和石头，即便将它们混在一起，他们也仍旧毫无关联，最多只能被称作混合物。但是，如果我们在它们中间加入水，搅拌均匀，那么他们就会变为混凝土，坚不可摧。团队中的主管就如同这"水"，能够包容所有人的性格特质，并且可以将它们的价值发挥至最高。

这样一来，在彼此成就后形成的友情才会更加牢固，而这与一般朋友的感情是不一样的，更像是一种惺惺相惜的"战友"之情。

不可小视的性格匹配度

我们对别人的认知过程需要通过一定时间内的认识、交往等，这个时间的长短因人而异。你会在头脑中形成和他性格有关的印象，哪怕只是个刚认识的人，你也能够通过几句简单的言语对这个人有个大概的整体印象，这种印象的形成速度非常快，并且不会有任何困难。

但是，对于一个公司中的主管来说，仅仅通过简单的感性经验远远不足以认识一个人，还应当进行理性分析——如何通过每个人的核心性格找到其适合的搭档，可以将其放到适当岗位上面，这同样是团队主要要思考的重要问题。并且，等到你发现这里面的奥秘后，也肯定能让自己所带领的团队变得更为高效。

首先，不能忽视核心性格。很多时候，团队主管选用人才时看重的是他的专业、能力和经验，对他的性格考虑得很少。实际上，员工的"适职＝能力×性格"，有时候，一个人的性格甚至比他的个人能力更

第九章
告别"单枪匹马"的时代——合伙创业

为重要。

我们可以试想一下,如果一个人连自己的办公桌都不能收拾得干净整洁,那么他如何做好档案工作?或是说,通过什么样的激励方法才可以让一个墨守成规者做创新性非常强的工作?当然了,这些都需要领导能够慧眼识人,挖掘出员工的潜能。不过,员工的天生性格特质在很大程度上决定着他能否适应一个岗位或一个团队。因此,要抓住员工核心性格,同时将其放到合适的位置上面,最大程度地发挥出他的潜能。也可以这么说,潜能是需要在适当岗位中发掘的。

其次,性格匹配度比能力匹配度更重要。在团队里面,上司通常看重的是员工的能力匹配度,但是实际上,性格匹配起着重要的潜移默化作用。

在现实中,很多团队聚拢的都是性格相似的人。有的公司,一旦换了个领导,就会经历一次重大的人事变动。因为多数人都喜欢与自己步调一致的人一同做事,因为这样的合作更为顺手,不用经历磨合期、适应期的痛苦。

但是,你可曾想过,这就一定合理吗?答案当然是否定的。有句话说得好:"道不同不相为谋",在一个团队里面,不但需要志同道合的人,更需要彼此互补、匹配的人。一个团队的至高境界为"合而不同",而并非千人一面。

最后,要将个人喜好放到一边。在职场里面,有的团队领导者在考虑成员、自身性格匹配度时常常会思考三个问题:我喜欢哪种人?我需要哪种人?我能用哪种人?

而上述三种情况又经常相互交叉、重叠,但到底将哪个问题作为主导,这就要和领导人的性格、领导人的能力有关了。若是这个领导不自信,则更倾向于和喜欢的人合作,但是自信的领导会选择需要的人。

实际上,对团队成员间的性格匹配度,团队主管应当相对地思考三个问题:团队成员喜欢哪种人?团队需要哪种人?团队能够包容哪种人?

越有经验的主管越不会以自己的喜好作标准，反而可以接纳自己需要的人，能够包容，甚至欣赏"异类"。因此，我们会发现，有些优秀管理者不会以自己的喜好作为标准，在了解了自己的性格、团队成员性格基础上来进行合理的人员匹配，进而完善自身及整个团队。与此同时，还可以了解团队性格匹配的缺失、需求，建立起有包容性的团队文化。

总而言之，我们要明白，好朋友不一定就是好的搭档，但是，想要成为好的管理者，思考的不再是自己的需要，而是团队的需要。

七招巧妙化解同事间冲突

最近美国盖洛普公司的一项覆盖全球100万名工作者的调查显示，"处理不好与同事的关系"已经成为了导致离职最为重要的原因。其实，如果我们能够恰当地运用一些人际互动技巧，那么不仅能够在职场瘟疫暴发前打上"心理疫苗"，也能够在瘟疫暴发之后运用以柔克刚的方法有效隔离疫情。

诚实自省

被"对人不对事"地否定会让许多人恼羞成怒，美国职场教练米兰达·肯尼特曾经建议人们发火以前先花些时间用冷眼旁观的心态诚实自省，首先要分析一下，这个人针对你的原因是什么：他只会这样待你吗，还是他待其他人也是这样的？这个人有没有让你想起谁来？通常情况下，一个人在你面前表现出来的不一定是他的本质，很可能是你为他加上了某种个人标签。如果你的成长过程中一直有着和专制父亲的无效对抗，那么，你在工作时遇到得理不饶人的同事时就会比别人的反映更强烈。

直面现实

英国心理学家桑迪·曼恩提出，当你的工作在生活中占据的地位越来越重时，人们在办公室中就会变得越来越敏感、偏执。桑迪·曼恩指出，每次内心中产生不愉快时，应当先将事件的来龙去脉详细地做个记录，将自己的注意力放到细节上而并非感受上，这样就可以保持一种超脱状态，还能够避免将不良情绪带到工作过程中。

控制反应

当你处在有恶性竞争的办公室环境里，难免会有一些人不幸成为悲惨的牺牲者。在这样的形势之下，我们应当控制好自己的言行，进而达到"不以物喜，不以己悲"的境界：即使自己成为他人错误的替罪羊，也应当保持礼貌、谦恭之态；对待他人恶行视而不见、充耳不闻，同时让流言蜚语过耳不过心；不随大流，埋头专心做好自己的工作。如果你可以坚持这样做，那么是非也会逐渐远离你。

扩展信息

《你的工作你做主》的作者约翰·李说，工作时间的不断增加，自我判断、社会认同感均会越来越受工作影响，对办公室里的评价也变得愈发敏感。所以，遇到冲突时，可以多询问同事以外人的意见，此外，你的前辈也能为你提供非常好的建议。

抓住贵人

如果是你发现冲突对方是决定着你未来的"贵人",那么此时无论如何都不可以抱怨,也不能用"讨厌""烦死了"等负面词语,而应当多用些探讨、请教的口吻,比如,"我不确定自己处理的得当与否,还有什么处理方式更好吗?"

强化赞许

很显然,绝对不能直接邀功,那么最好做法就是对肯定进行正面强化,比如,上司或同事因为某件事情赞许你时,你应当及时给予回应"您的肯定会让我大受鼓舞"。

做好准备

进行沟通以前,应当先打好腹稿,这样就能够避免感情用事后在言语上伤害到他人。我们可以套用的沟通格式为:引发的事件,自己的感受,对未来的希望,比如,"昨天你在众人面前责问我,让我觉得很受伤,我希望今后能够避免此类事情再次发生,我们谈谈好吗?"

将"赢"变成"双赢"

成功,是多数人苦苦探寻之路,但却鲜有人知成功的深层含义。有的人认为,成功就是打败对手后取得的胜利,其实这种想法是片面的,让彼此都赢,才是成功的大智慧。

可能你战胜了对手,但是你并未真正走向成功,你以为自己赢了,兴奋不已，其实，你只不过在表面上打败了对方，从深层次挖掘，你会发现，自己失去了很多东西，家人、朋友……

不提倡打倒对方

现代社会的竞争不提倡打倒对方，甚至置对方于死地，而是提倡"竞合"，也就是达到双赢的局面，从事情的开始、发展，到事情的结束，都要达到一个双赢或者双输的局面，不存在一方的输或赢。

如果一个人心地善良，但是他为了获得成功，不惜一切代价，使用非常手段伤害自己的竞争对手，那么这个人就会在那颗善良的心的驱使下不安、内疚，他就会发现自己的"赢"是没有意义的，是罪恶的，无论当时他有多满足，多自豪，终有一天会为自己的罪行忏悔。

你的竞争对手如果是个强硬的人，求胜心就会折磨你，甚至将你陷入噩梦之中，不管他怎么侮辱或伤害你，你都不能得到别人的同情，反而会被嘲笑、指责。你的家人、朋友也会因你而蒙羞，这样的战争即使拉开序幕，也不会有真正的胜利者，损失最大的还是你自己。

就算你历经重重磨难之后，赢了，成功了，你的自尊和激情也早已在较量之中消失殆尽，就像流星那般，有的只是瞬间的光芒。慢慢地，生活开始变得无趣，死气沉沉。

所以，经营企业要秉承双赢的理念，因为只有这样才能获得真正的成功。成功不需要打败任何人，它只不过是个聪明的选择罢了，只有选择对了，你才能拥有成功后的欢乐。

俞敏洪被称为"世界上最富有的老师"，可他更喜欢别人称他"俞老师"，从新东方成立以来，俞敏洪考虑的最多的就是怎么才能回到教育事业本源，为中国社会服务。俞敏洪认为，做任何事情都要有价值观，新东方的价值观就是和学生双赢，赚学生的钱，让中国学生可以顺利出国留学，让中国英语教育达到更高的层次。从某种意义上说，新东方已经和学生、社会之间达到了双赢，也走向了真正的成功。

"双赢"是一门艺术

"双赢"是一门艺术,它决定着你做多大的生意。企业在发展壮大的同时,一定要将"双赢"的理念贯穿到设计、开发、生产等各个方面,设计出色的、可以满足消费者的产品,降低次品的生产率,只有这样,才能让得到客户的认可,才能最大限度地回报社会,达到"双赢"的局面。

从某种角度上讲,赢并不是一种技巧,而是一种人际关系。社会在发展,人类文明也在进步,在这个时候,人的思维能力和思维方式都发生了巨大的变化。尤其是在经济方面,人们正在寻找"双赢"的模式,在这个模式的带动下达到互利互惠的场面。

时代的发展允许共存共荣的出现

现实生活中,每个人都想拥有支配他人的能力,做个支配他人的人,每个企业也都想成为企业霸主,但是这种思想是不健康的,它会让你把自己孤立起来。所以,随着人们对企业认识的提高,越来越多的管理者认为鹿群当中有狼不一定就是坏事。

时代的发展允许共存共荣的出现,将竞争与合作融为一体,最终达到共同进步,这种竞争是良性的。比如好伦哥和金汉斯、康师傅和今麦郎,它们保持着各自的优势,在这个充满竞争的时代比拼着,但并不会弄得你死我活。

商场有时候并不如战场,从本质上说,达到双赢,双方都要尝试和运用博弈理论,而"双赢"就是个利益均沾的场面,是商业活动的理想结果。遵守双赢的原则才是商业活动取得成功的前提,因为它不仅可以让你赢得现在,更能让你赢得将来。

21世纪人类处理事务的最高准则就是"没有永恒的敌人,只有永恒的利益"。我们要为长远的发展奠定基础,用一颗平常心来处理各种关系,用双赢的理念去面对各种竞争,只有这样,才能走向更大的成功。

合伙创业不是百无禁忌

现如今,越来越多的职场人想要换一个环境,去寻找更加适合自己的发展机会。而在积累了一定的经验和人脉之后,另起炉灶单干就成为了一个非常不错的选择。

既然打算创业,那么就需要找到合伙人。通常情况下,我们都会觉得,找熟人入伙肯定比外人更靠谱、更有保障,可是实际上,当亲友变成合伙人,事情往往并不像想象的那么顺利。而且一旦有了分歧和矛盾,如果不能够及时化解,生意谈不成是小事,很有可能因此伤了和气,最后连朋友都做不成。

创业开公司,想法难统一

李小宁和小王最早在一家食品贸易公司工作,李小宁是区域经理,小王是销售经理。两个人虽然是上下级关系,但也是非常要好的朋友。

两年前,李小宁和小王辞去公司职位,开始合伙创业,做起了进出口食品代理业务。刚开始的时候,两人规划着将公司发展壮大,但是没有想到,真到了着手实干的时候,事情并不像他们想象的那样简单。

首先是发展策略不同:小王认为,公司应该像滚雪球一样,从"小而精",纵向发展;但是李小宁却觉得,公司应该多去涉及一些业务领域,横向展开,正所谓"多条腿走路",慢慢地再纵向发展。就这样,小王认为李小宁好高骛远,李小宁又觉得小王眼光短浅。

"我明白条条大路通罗马的道理,可是我总觉得李小宁有些'纸上谈兵'。他规划得很好，从理论上看也完全行得通，但是实际操作未必会顺利。"

小王说，他非常理解李小宁，渠道多选择就多，可是如果没有强势业务做基础，公司的根基不会扎实。"可他却不理解我。"小王心中非常苦恼。

还有就是用人机制的问题。小王觉得公司才刚刚起步，用人应该从忠实、肯干的角度考虑，重在培养，慢慢再挑人才；但是李小宁却觉得时间紧迫，应该通过自己的人脉，找到相对有能力、经验和学识的人。"找到层次较高的人，上手会比较快，更有利于公司的发展，可是福利待遇也会相对提高，这也是必须面对的实际的问题。"小王说。

还有是管理问题。李小宁主张从宏观管理，小事可以放手；小王则要事必躬亲，大小事宜全部亲自打理。"自主创业不像以前和别人打工，特别是在刚起步阶段，我觉得什么事情都过问肯定是利大于弊的，而且现在'放手'还为时过早。"

现如今，公司已经运作将近两年时间，虽然有些小盈利，但是进展仍有些缓慢。"我们谁都不能说服谁，所以创业两年来，依然是'摸着石头过河'。"小王说，在刚开始创业的时候，他们不分彼此，本着"有钱一起挣"的想法，虽然李小宁出资多一些，但是也没有刻意分清"老总"和"副总"的关系。虽然现在没有涉及"财务问题"，但其他问题都会与财务有关，如果现在开始分清身份，又显得非常生分，谁都不好开口。"等公司再稳定些，我决定分出去，否则这样只能是越拖越坏，对公司发展和我们个人的关系都不会有好处的。"

闺蜜合伙，最终不欢而散

刘伟和王丹是一起出差的时候认识的，虽然二人不在同一个部门，但是由于年龄相仿又聊得来，很快就成为了闺蜜，自然是无话不谈，上下班也形影不离，甚至周末还会相约一起逛街。

第九章
告别"单枪匹马"的时代——合伙创业

相识一年多以后，刘伟遇到了一个创业的机会，打算从公司跳槽，在寻找新公司的合伙人时，她想到了做了多年销售的闺蜜王丹。坦白地说，刘伟非常欣赏王丹的能力和人品，也希望可以依靠她的人脉和好口才为新公司拉来大生意。"我当时觉得，跟好朋友合伙，知根知底，怎么也比外人成功率高，可是谁想到会变成这样。"刘伟说。

算上王丹，刘伟还带了一个好朋友，一共是三人，在刚开始的时候还谈得非常愉快，虽然起步艰难，但是大小事情都是大家一起商量再做决定。"我们三个其实都不是野心很大的人，只希望能够好好地、稳稳地赚点钱，把公司做好。"

刘伟说，当时他们谈合作的时候，已经事先预想到了合伙创业的艰难，甚至还设想了几种可能出现的状况，但是大家都说好了，无论怎样都要甘苦与共，遇事退一步，绝对不把关系闹僵，但是到了后来，三个人的关系还是越来越不像从前那么和睦了。

其实，好朋友之间合伙创业，最忌讳的就是职责不清。掺杂了友情、亲情乃至爱情的合伙人在很多经营问题上是不好计较的。与此同时，涉及金钱利益，也会让合作者双方的感情变得很脆弱。

那么，究竟怎么做才能既保持好的合伙人关系还可以升华原有感情呢？首先，应当建立共识，彼此间信任。很多合伙人都碍于面子将一些合作细节模糊掉，这种做法是不正确的，一旦出现纠纷，便会束手无策。因为仅仅依靠着各自的道德、情谊，根本无法解决商业合作过程中遇到的实际问题，不能只凭借感情来处理问题，一定要用商业解决方法来解决、避免合作纠纷。

此外，当合伙人里面有自己亲属的时候，应当避免关系过于亲密、过近的人在公司中"指手画脚"，应当建立健全的管理制度、完整的合作规则。

有的人会一时心软，觉得大家都是好朋友，出现问题时碍于面子而不敢当面提起，反而会使问题越来越严重。和熟人合伙做生意，应当一切问题按合作规则解决。大家手中的股份可能相当，但最初定好的谁掌握决定权就一定要听谁的。不是原则性问题可以不追究，但涉及到原则性问题时，必须斤斤计较。此外，还应做到财务透明，没事大家坐在一起沟通公司的各方面事宜，以及个人观点等，也能够避免很多问题的出现。

获得双赢，你得名我获利

人世间并不是单纯的，很多人都是为了一个"名"而活着，特别是对于那些"死要面子活受罪"的人；除此之外，还有一些人是为了"利"而活，特别是对于那种"为了金钱不要命"的人。但是除了这两种人之外，人世间还有第三种人，他们就是名利双收的人。他们之所以能够做到这些，就在于他们懂得成人之美，处理好了名与利的关系，从而达到了名利双收，获得双赢的目的，他们才是最聪明和充满睿智的人。

鱼和熊掌不可兼得

古人语："鱼和熊掌不可兼得"，如果一个人想把什么好处都占全了，那么到头来可能是一点好处都得不到的。而只有那些懂得把自己的名声让给别人，自己得到实在利益的人，这才是真正聪明的人。

美国"钢铁大王"卡内基在很小的时候就跟随自己的父母从英国来到美国定居，可是由于当时家庭条件有限，让卡内基没有找到读书的机会，在自己13岁的时候就给别人当了学徒工。

在卡内基10岁那一年，他无意当中得到了一只兔子，更让他没有想到的是，这只兔子没过几天居然生下来很多小兔子。

由于卡内基当时的家庭条件非常贫困，他根本没有钱给兔子买饲料，于是他就想出了一个办法：卡内基请自己身边的好朋友都来参观他

第九章
告别"单枪匹马"的时代——合伙创业

养的小兔子,就这样,卡内基的朋友们很快就喜欢上了这些小兔子。

于是,卡内基这个时候开始宣布说:"只要你们愿意拿来饲料喂养这些小兔子,那么我就会用你们的名字给小兔子起名字。"

这些已经被小兔子迷住的小朋友,都非常愿意给小兔子们提供饲料,最后这些小兔子一直都健康成长着。

也正是因为这一件小小的事情,给了卡内基一个非常重要的启示:人们往往会对自己的名字非常重视和爱护。在卡内基之后的人生发展过程中,这一启示给他带来了巨大的帮助。

等到卡内基长大之后,他通过自己努力从一名小职员成为了一家钢铁公司的老板。有一次,他为了竞标太平洋铁路公司的卧车合同,与当时最大的竞争对手布尔门铁路公司较上了劲,双方为了拿到这个项目可以说是一再降价,几乎到了无利可图的地步。

直到有一天,卡内基到太平洋铁路公司去谈这个项目,而当时在一家饭店的门口遇见了他的死对头布尔门铁路公司的老板,按理说,两个竞争对手见面应该分外眼红才是,但是卡内基却主动地走上前去和布尔门打起了招呼。

而且,卡内基还主动对布尔门说:"现在我们这么恶性竞争只能够让别人获利,不如咱们进行合作。"

当时,布尔门见卡内基一番诚意,觉得卡内基说的非常有道理,可是他就是不愿意和卡内基进行合作。

在卡内基再三询问之下,布尔门终于说出了其中的原因,"如果我们进行合作,那么新的公司应该叫什么?"

直到这个时候,卡内基才一下子明白了布尔门的意思,而这个时候卡内基恰恰就想起来了自己小时候养兔子的事情,于是卡内基非常果断地说出了:"当然是叫'布尔门卧车公司'了。"

卡内基的这一回答,让布尔门听完之后大吃一惊,不敢相信,不得不要求卡内基再重复一次。

就这样,两个人很快达成了合作协议,顺利拿到了太平洋铁路公司的卧车合同，而卡内基和布尔门两个人都在这个项目当中大赚了一笔。

现实生活中，这样的案例还有很多，比如，有的老板有钱没名，于是开始包装属于自己公司的明星，为自己的公司做品牌，等到明星出名之后，老板也能通过这个明星为自己的公司做广告、代言等获取利润，达到双赢局面。

再比如，某富商想要出一本有关自己传记的书籍，我们可以通过与出版社联系，写一本关于这个富商的发家之路的书，这样一来，这个富商就被人们熟知了，而你，也可以从版税中获得丰厚的利润，获得双赢局面。

名声是无形资产

其实，我们人类是一种非常在乎名声的动物，因为名声可以说是一个人无形的资产，而且这种无形的资产可以通过各种方式转化成为有形的资产，而且更为直接的是，可以给我们带来金钱的利益。

所以说，有的时候我们放下自己的面子，就能够满足别人一点点的虚荣心，那么这样的小动作一定能够给自己带来莫大的好处，就好像我们暂时舍弃一样东西，到了最后一定能够赚回来。

把对方所求的"名"给对方，自己从中获得利益。这就像很多投稿的网络小说家那样，他们可以不要报酬，但希望在拥有自己的出版物后可以出名，出版社借用作者的小说获取了利润，而小说家借着出版社出了名。这是一种双赢的局面，双方都非常满意。

名是个无形资产，但是很多人都想拥有他，尤其是一些有钱人，更是希望自己能在拥有财富的同时名声远播，我们不妨抓住这个时机，把对方的"名牌"打出去，自己从中获利。

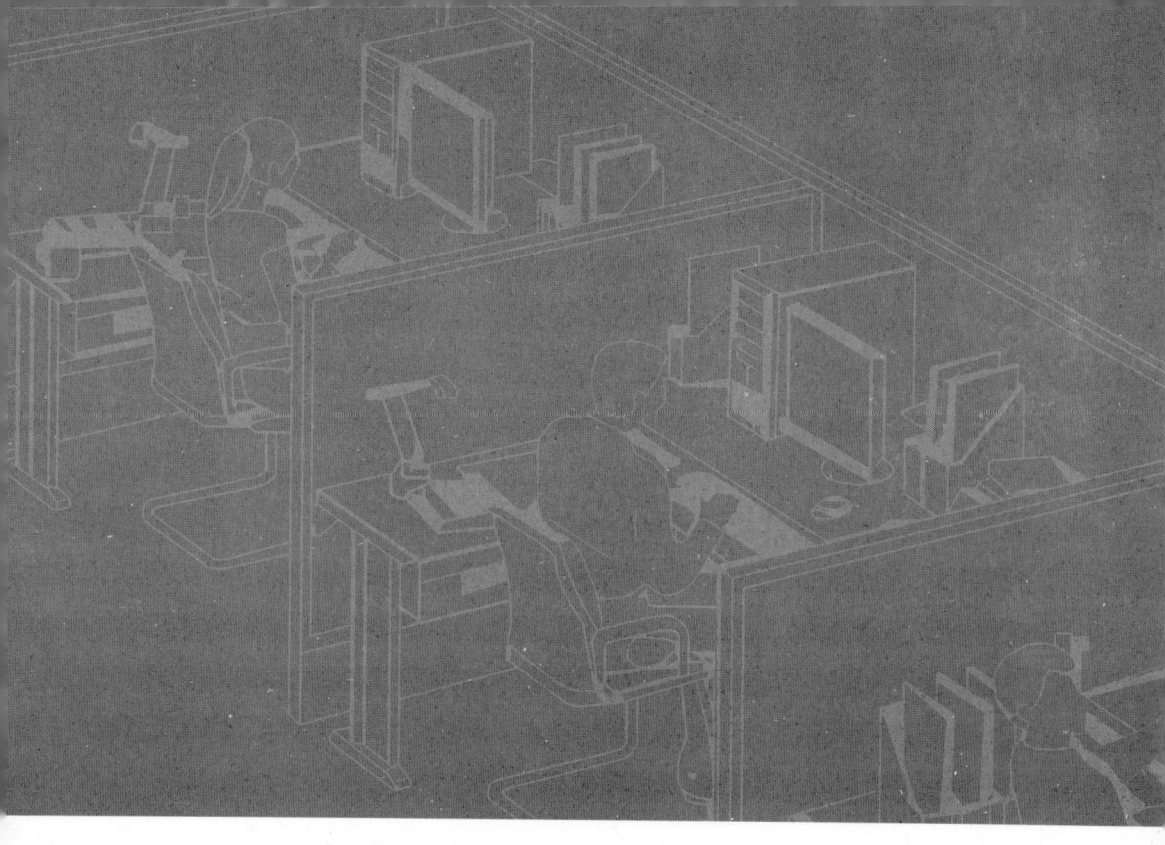

第十章

信息时代，白手起家最快捷的创业模式
——网上创业

第十章
信息时代，白手起家最快捷的创业模式——网上创业

信息时代，网上创业早已不是什么新鲜的东西，常常点一点鼠标，便能财源滚滚，这是所有"有本事的穷人"最省资本的致富方法，所有白手起家最简单的开端，如果你有这样的天分和优势，为什么不行动呢？

网络挣钱主要模式大盘点

有很多人都会说，网络赚钱就好像是镜中花，水中月，看起来是非常美丽，但是却很虚无，甚至是觉得不切实际的，是非常邪恶的，因为很多人在网上经常受骗，而且还不是一次两次。正是因为在网赚的途中，不断地受骗，所以才会让他们觉得网赚都是骗人的，都是不可信的，还是应该实际一点为好，逐渐地对网赚也失去了信心。现实却是如此，很多人在网赚的过程中受了很多的委屈，也走了很多的弯路，但是这些人最终还是赚到了钱，下面我就简单地为大家介绍一下网赚的几种模式，让大家尽可能地少走弯路。

通过一技之长在网上获利

无论什么时候，也无论处于什么年代，只要你有一技之长，一技傍身，那么你就可以找到适合自己的工作。只要有了技术，就不必担心没事做。比如，你擅长写小说，那么你就可以做个网络小说家，或者直接到出版社投稿，那么你就可以得到相应的报酬。再比如，你擅长画油

画,那么你可以画些画去参展,有人认可之后就会出相当可观的价钱购买你的画;哪怕你只是会绣花,也可以在家里绣十字绣、鞋垫等拿出去卖。不论你是哪方面的人才,只要你勇于奋斗,愿意努力地去做事,发挥自己的一技之长,那么让自己的生活奔向小康也不是什么难事。实际上,网络是个神奇的东西,中国现今出现的很多富豪都是靠着网络起家的,只要你有才华,有技术,踏实肯干,那么你一定能够衣食无忧。

开一家属于自己的淘宝店

如果你有销售头脑,但却苦于没有资金,那么你可以在网上开个店,开一家属于自己的淘宝店。淘宝店不需要花费太多本钱,还能够尽情展现出你的销售才华,收入也是比较可观的,可谓是一举多得的做法。在网上开淘宝店的重点是拥有销售头脑,若是你特别擅长销售,那么你很容易就能够将自己的商品推销出去,如此一来,你便可以获取一大笔收入。当然了,你也可以到淘宝客网站,专门推销商品,开网店的重点就是推销、推广的过程,此外,货物来源也是重点内容,一定要把握好。

建设网站赚广告费

现在,互联网对建设网站的要求正在逐渐降低,只要懂些基本网站建设软件,比如CMS系统,那么你就可以非常轻松地建设出一个自己想要的网站,而你一旦拥有了这个网站,就相当于是有了平台,以后,只要你不断地努力,不断地进行推广,那么你的网站人气就会越来越高,流量越来越大,到了那个时候,你就寻找广告联盟商进行合作,比如阿里巴巴的广告联盟,上面包括很多广告联盟信息,你的网站流量越高,你所获得的广告费用就会越多,到了那个时候,你还可以挂些淘宝客代码,总之,只要你的网站流量足够大,就相当于有了生财的源头,这样你也就可以选择多种赚钱方法了。

多种赚钱方式任你选

如果你不懂技术，也没什么一技之长，那么你也不用灰心、担心自己在网上赚不到钱，网上赚钱的方式有着多样化的特点，只要你愿意做，就一定可以赚到钱。比如，点击广告，做些网上调查问卷，就相当于在帮助别人挂机等。当然了，这赚到的不过是些小钱，对于刚开始在网赚的新手来说完全可以尝试一下，也能够从中体验到自己在网上赚取第一笔金的乐趣。

其他网赚模式

其他网赚模式相当于雇佣和被雇佣模式，比如帮别人在网上发布些人才信息，若是你可以胜任这个任务，自然就可以赚到钱。比如翻译各国文字，英文、日文翻译等。还有些人通过写博客、论文、广告、软文等赚钱，以及在有的网站上发帖、投稿等。

网上开店赚钱的 9 条黄金法则

开网店和线下开店比起来有很多优势，但也并不是每个人都可以从中取得成功。下面就来为大家介绍一下网上开店赚钱的 9 条黄金法则，掌握好这 9 条黄金法则，你才可能获得成功。

1.搜集相关的信息。你在开店以前会做很多准备工作，但是信息的搜集对于网商来说非常重要，但是对你这样的新手来说，可能根本不知道收集什么样的信息对自己是有用的。实际上，很多人刚刚开网店的时候都这样,毫无头绪,不过,慢慢地你就会意识到:只要是与网店相关的即为需要自己了解的对象。若是你在淘宝上开店,那么就一定要了解淘宝发布商品规则、支付宝使用规则、论坛规则、社区规则、促销活动规则等。

2. 寻找合适的货源。等到你已经详尽了解所有与网店有关的规则之后,下一步要做的就是寻找货源。成功的网店必须有自己的长期供应商。成功的关键因素就是找到一个好货源,无论是质量、款式,还是价格都一定要有自己独特的优势,只有这样才可以在众多竞争者中留下一席之地。

可能有的新手会提出"我的基础不好""没有很好的实力""几乎没有经验"等一系列问题。的确,任何时候都不可能一帆风顺,任何事情都是在困难和挫折中成长起来的,问题和机遇并存。所以,无论你如何对待这些问题,都不能在货源上放下戒心。

实际上,新手们完全可以尝试着在阿里巴巴找货源,供货商不需要很多家,若是供货商品种齐全的话,那么选择一两家就足够了,这样还可以在销售过程中作比较。

第一次的进货量不能太大,将品种控制在 20～30 个即可。每个品种不宜超过 5 件,这样做的好处为:可以压缩成本,将损失降至最低;其次,销售过程中能够了解到哪些品种好卖、哪些产品的质量好、哪些产品热销。而后,你可以做个统计评估供货商的产品品质符不符合你的策略。

3. 装饰好你的店铺。我们收到货物以后,就需要将准备好的商品放在店铺里面,比如,怎样处理产品图片等,我们都知道,很多卖家都在使用 Photoshop 处理器。实际上,这个软件早就被大家认同了,若是你使用的还不怎么熟练,可以先尝试一下,慢慢摸索。

4. 上架前的准备工作。等到图片准备好后便可上架了。编辑商品时,有的新手不知道有效期是什么作用。对淘宝来说,有 7 天和 14 天两种模式可供选择,当然了,这两种模式之间的差别是非常大的:我们

第十章
信息时代，白手起家最快捷的创业模式——网上创业

都知道，淘宝是将快到期的宝贝放至最前页。若是你选择了14天的，那么你的商品曝光次数为每14天一次。若是你选择了7天的，那么相对来说曝光的次数就会翻倍。这样，你的浏览量、成交量就会相对多一倍。

5. 挑选好的物流公司。挑选个好的物流公司非常重要，大家可以经常向老卖家们咨询，这样能够给卖家减少由于物流延期或是导致商品破损产生的纠纷。我们在发货时应当注意以下几点问题：（1）出货以前仔细检查每件商品，特别是带电池或电子类商品，更应当认真检查。（2）若是有的商品图片与实物由于色差而出现不符情况，那么应当在发货前和买家说明。（3）若是数量不足或是稍带瑕疵的商品应当提前与买家说清楚，进而避免产生不必要的纠纷。

6. 做好促销的工作。新手在刚开始经营网店的时候会面临危机，所以，我们应当把握好每个机会进行宣传、做广告。平时多逛逛社区、多写贴回帖、参与活动，加入旺铺、直通车、支付宝社区等。

7. 准备好三个账户。通常情况下，经营淘宝店的时候要准备三个账户：管理销售资金、管理进货资金、管理开支成本资金。这样做有益于我们对自己的生意做更好的管理，特别是对销售情况的好坏，能够做到一目了然。

8. 做好售后管理。无论每笔订单的利润是多少，有时候甚至可以做点亏本生意，但你必须做到让买家满意，这一点非常重要。无论与买家发生何种不愉快事情，你都应当清楚地认识这个问题，甚至可以用这样的话来形容淘宝生意：卖产品，更是在卖服务。谁的服务到位，谁的成功几率就越大。

9. 诚信管理不可少。何为诚信？诚信在任何行业、任何买卖中都是不过时的，它如同一块坚固的大基石，换句话来说，即人们活动的过程中最重要的基础！网店也是如此。所以，我们一定要创造出以诚信为本的网购环境，在面对每个客户时都应当真诚以待。

网上开店,关键是货源

网上开店很简单,但能否赚钱就不好说了。面对数目庞大的竞争者,要保证自己的商品具有独特的卖点,才有机会获得成功。由此可见,好的货源是一个网店能否成功的关键。创业者决定要开网店的时候,首先应该想好自己从哪里找到货源,这是成功的第一步。寻找合适的货源,有两个主要途径。

(一)网络途径

1. 利用网络搜索引擎。在诸如百度、谷歌等网站输入类似"服饰批发""最大服饰批发""最大服装服饰批发"等关键字,来搜索货源商家。这些供货商的优势在于直接由厂家供货,具有较稳定的货源。不足之处就是他们已经做大了,订单较多,服务难免有时就跟不上。而且他们都有固定的回头客,初次合作很难和他们谈条件,除非多次合作之后,成为他的一个大客户,才有可能享受特别的优惠或者折扣。比较糟糕的是,这些供货商的发货速度和换货态度都很难让人满意。

2. 利用 B2B 或 B2C 商贸平台。我国最大的批发市场主要集中在北京、武汉、广州等几个城市里,为了避免千里迢迢地跑到这几个批发市场,可以利用 B2B 或 B2C 商贸平台(如阿里巴巴、慧聪网)来完成进货。以阿里巴巴为例,不仅有批发进货,还有小额的拍卖进货,这几种方式都很受网店卖家的欢迎。需要注意的是,在网站进货时最好选择支持支付宝或是诚信通会员的产品。因为网络进货有一定的虚拟性,在选择商家时一定要小心谨慎。

3. 网络代销。网络代销就是将商家的产品图片和产品相关介绍等资料在网上展示出来,向卖家收取定货资金,再给商家一定的资金,让他发货，然后代销者从中赚取其中的差额。网络代销的好处是：首先，几乎不需要什么资金投入，比较适合新卖家和小卖家；其次，不需要准备仓库，不用自己负责物流，商家会在收到定金和资料后给买家直接发货，省了邮寄的麻烦；再次，省去了给商品拍照、介绍商品的麻烦，通常从商家那拿到的商品图片都比较好，也更容易吸引买家。

其缺点就是，网络代销不能直接接触商品，所以对商品质量、库存和售后服务缺乏把握。建议在挑选的时候要找一些比较正规的公司，根据自身的要求选择最合适的。

（二）现实途径

1. 从批发市场进货。一定要多跑地区性的批发市场，如北京的西直门、大红门，上海的襄阳路、城隍庙，广州的十三行服装批发市场等，这样不但可以熟悉行情，还可以拿到很便宜的批发价格。同时，要与批发商建立好关系，在关于调换货的问题上讲清楚，以免日后起纠纷。批发市场进货的商品比较多，品种数量也很充足，挑选余地比较大，而且进货时间和进货量都比较自由，很适合兼职卖家。

2. 正规厂家。正规厂家的货源充足、态度较好，长期合作的话还能争取到滞销换款。但是一般来说，正规厂家的起批量比较高，只适合那些量大的买家，一旦谈妥，利润非常可观。

3. 刚刚起步的批发商。这类批发商由于刚起步，既缺乏固定的客户，又没什么知名度。为了争取客户，他们的起批量较小，价格一般不会高于甚至有些商品还会低于大批发商。而且为了争取回头客，他们的售后服务一般比较好。不足之处是，因为是新的批发商，其诚信度有待仔细考察。

4. 关注外贸产品或贴牌产品。许多工厂在外贸订单之外或者为一些知名品牌贴牌生产后，会有一些剩余产品要处理，价格非常便宜，通常只有正常价格的2～4折，是一个不错的进货渠道。

5.寻找特别的进货渠道。如果你在香港地区或国外有亲戚朋友,可以请他们帮忙进一些内地市场上很少看到或价格较低的商品。如果你正好生活或工作在深圳、珠海这样的地方,甚至可以办一张通行证,自己去香港地区、澳门地区进货。

网上开小店也能挣来大钱

据相关数据统计,2009年淘宝网全年交易总额超过2 000亿元,远远超过其他百货、商场和超市。网上购物,已逐渐成为一种趋势,30几岁的人,自然不会落后于这个潮流,很多也想通过网络挣钱。

由于缺乏一定经验及启动资金,30几岁的人做实体店也许会遇到很多困难,但是网络却让无数人的创业梦想变为现实。

32岁的刘薇薇已经在网上做了一年多生意,这几年由于一直想开家自己的店,于是萌发了在网上开店的想法。小薇说,在网上开店很简单,首先要选定一个适合自己的商务网站,现在这类的网站有很多,像淘宝、易趣、拍拍等等。然后把身份证的复印件上传到网上,得到该网站客户服务部的确认,几天后你的店就可以开张了。开店最重要的是信誉要好,也就是信誉度高,得到顾客的好评越多,网店的排名就会越靠前,顾客出于安全的考虑,多数都会选择在那些排名靠前的小店里购物。

说到收入,小薇说,刚开店时不要太着急获取收益,但是只要把握住了时尚潮流,再赢得良好的信誉,小店的人气就会越来越大,一个月下来不比工薪族挣得少。

现在网上开店的人越来越多,卖的东西非常之多,可谓应有尽有。要想自己的商品卖得好,在众多网店中脱颖而出,进货渠道很关键。

一般来说,网店的进货渠道主要有以下几种,要根据你的实际情况选择最适合自己的方式。

到批发市场寻求货源

最简单、最常见的方法为：到批发市场中寻求货源，但是目前很多开店的人都将目光转移到商品原产地上，忽略了批发市场这个最简单途径。你最开始开网店时，若是商品销量非常小，在本地批发市场进货即可。若是你经营的是个服装店，你可以在本地大型服装批发市场进货，批发市场进货需要拥有强大的砍价能力，要尽量将价格压到最低，并且还应当同批发商建立起不错的合作关系，讲清调货问题，避免日后出现纠纷。

从批发市场进货有很多优势：更新快、品种多等。缺点是：易断货、质量不容易被控制。适合当地有大型批发市场，同时拥有一定议价能力者。

直接到厂家寻求货源

通常情况下，厂家的货源都较为充足，若长期合作，大多都可争取到调换货品条件。但是，厂家的批发底限较高，对于刚做网店的人来说并不合适。但是如果你的资金储备充足，并且有自己的分销渠道，无压货危险，那么，从厂家直接进货是个非常好的选择。

从厂家进货的优点为：质量、价格可以得到保证。缺点为：资金投入相对较大、有一定库存压力，并且，产品种类单一。适合有一定经济实力，同时拥有自己的分销渠道者。

直接联系品牌代理商

若是你的网店已经发展至一定程度，你可以直接与品牌经销商取得联系，他们会为你提供很大的进货量。通常情况下，品牌越大，价格折扣率就越高，真正赚到的钱是在完成销售额后拿的返利。

从品牌代理商进货的优点为：货源稳定、渠道正规、不易断货。缺点为：更新慢、价格相对较高、利润低。适合那些想做品牌旗舰店者。

购买外贸产品

如今，很多厂家除了做外贸订单或为某些知名品牌贴牌生产外都会有些剩余产品处理。剩余产品的价格通常都非常低，多数仅仅是市场价格的2～3折，但品质做工有保证。

进货外贸产品的优点为：价格低廉、品质有保证。缺点为：对方通常要求进货者全部购进，因此，买家必须有经济实力。适合有一定货源渠道，并且有一定识别能力者。

从批发商处进货

批发商大都直接和厂家进行合作，货源相对稳定。但是由于他们已经做大了，订单非常多，有时候售后跟不上。并且，他们大都有固定的老客户，常人难以同他们谈条件，除非在你变成他们的大客户之后，才能够有折扣及其他优惠。

从批发商处进货的优点为：货源充足，可供选择的种类多。缺点为：售后服务相对较差。适合自己有分销渠道，销售量较大者。

代销——从供应商处直接发货

这种方式是现在最为流行的方式，商品图片、介绍皆由供应商提供，卖出后能够从供应商处直接发货。对刚刚开网店的人来说，这是个非常好的选择，因为商品的资料非常齐全，你所要做的就是将商品卖掉。但是，选择这种供货商时，应当注意对方的信用度、商品质量，防止遇到纠纷不能及时解决。

这种方式的优点就是：简便易行，只要把鼠标一点，发货都不用自己来管，就可以等待佣金的入账了，风险低，资金投入最少。缺点为：商品不经自己的手，很难掌控品质，由于对商品的了解不足，和客户沟通起来相对困难，操作不好会导致中评或差评。适合低成本创业的C2C网人群。

购买库存积压或清仓处理产品

由于急着处理积压产品，价格就会大大降低，若是你的砍价能力非常强，可以用极低的价格将其拿下，而后再转为网上销售，利用网上销售的优势获取足够利润。这种进货渠道要求你能够迅速识别产品质量，同时可以把握发展趋势、建立好自己的分销渠道。

进货积压产品最大的优点就是成本低。缺点为：难以掌控进货时间、地点、规格、数量、质量等。适合有一定资金实力，并且了解此行业者。

到展会、交易会"淘宝"

各个行业每年都会召开展会、交易会等，在这个地方一样可以淘到宝。这些展会聚集的大都是厂商，所以，当生意已有起色，但却仍然在货源问题上苦恼的时候，可以参加一些此类展会，接触些真正的一手货源，大胆地和厂商建立起真正的合作。参加这种展会最好用专业人士身份参加，带好自己的名片、身份证，让厂商觉得你是位专业人士，这样一来，合作的几率才会大大提升。

从展会或交易会进货的优点为：成本低、竞争力强、商品质量稳定，售后服务有保障。缺点为：通常不可以代销，需要有一定的经营、选货经验，资金投入大，风险大。适合资金实力雄厚者。

特别的进货渠道

若是你的亲戚或朋友身处国外,可以找他们帮你代购,进些国内市场上没有的商品,或者价格相对较高的商品。若是你的工作、生活地点刚好在边境,可以亲自到国外进货,如此,就能够确保你的产品特色或价格优势。

"网赚"陷阱不可不防

网络赚钱和传统赚钱的方式一样,都是一分耕耘一分收获,在这个世界上根本不存在天上掉馅饼的好事。

"发帖赚钱"的方式也是五花八门的,甚至从国内网站赚钱又发展到了国外网站。我们不可否认,网上有一些机遇确实会让一部分人在短期内致富,但是,绝对没有任何一种方式可以让成千上万的人一夜致富。

现在,有一些不法之徒趁"网赚"火热、从业者还没有辨明真相的情况下,偷偷设下网络陷阱,肆意发布诱人广告吸引人加入其中,其实,这些网络陷阱看似诱人,实则充满凶险。而且,我们一旦迈进陷阱,不管多么诱人的机遇都会成为可怕的灾难。

综合目前,"网赚"类型和一些相关案例,创业者必须要擦亮眼睛,认清以下几种"网赚"陷阱,以防受骗。

1. 网络传销——没产品,还要卖产品。和传统销售比起来,网络传销的扩散范围更加广泛,传播速度更快,并且,传销产品不会仅仅限制在化妆品、药品等实物上,甚至包括着计算机软件、各种信息等。并且与传统传销本质相同,先交钱后入会。依靠发展下线赚钱,只要我们能够不迷信于"天上掉馅饼""一夜暴富"等，就能够避免这样的危险。

2. 股市黑手——你的投资趋向被人操控。有些股市投机者会故意在网络上用内部人员身份散布虚假信息，故意到网上起哄，抬高股票价格，直到上当受骗的创业者将股票价值抬上去以后，他们就会倾销股票，坑害那些创业者。所以，创业者必须擦亮眼睛，看清楚哪种投资对自己有利，哪种投资是需要规避风险的。

3. 商价回收骗局——卖给你没用的产品资料。有的不法份子大肆鼓吹某个项目、某个产品，甚至花钱请人现场说法，让参与者掏钱购买生产资料生产产品，而后他们回收成品，但是，等到产品生产好后，他们却以质量不达标、交货延期等借口拒绝回收。此类骗局常常出现在委托加工二类项目中。那些人在拿到钱后就不管别人了，如此，你一定会承受很大的损失。

4. 大奖诈骗——"大诱惑"骗"小钱"。这种行骗方式为：首先，通过E-mail、手机或其他方式告诉你你中了大奖。并且奖品、奖金非常丰厚，看起来很诱人。可是一旦你支付手续费后，他们便会消失。通常情况下，他们骗取的数额比较少，多为确认费或邮寄费，不过，你可别小看了这看起来很少的费用，上当人数一多，数额也就大起来了。

5. 收发电子邮件赚线——费大劲、赚小钱。发邮件是常见的网上赚钱方法，常常通过注册国外网站赚美元作为诱饵，我们可以想想，钱怎么可能那么容易就挣到？到最后，你忙了好大一阵子，却几乎没挣到什么钱，等于白白地在给人家打工。

6. 传销综合非法集资——带有迷惑性的"陷阱"。对方通过发电子邮件的方式告诉你在某个时间内将此信息转发给其他人，就能够获得一定数目的钱，通常情况下，报酬不会很多，甚至会给你列出计算方法，告诉你过了多久之后你就能够获得一笔大额酬金，这样的行骗方式有着很强的迷惑性，和发电子件赚钱的方法基本相同，只有认清它的骗人实质，才能够避免掉入陷阱。

7. 链接陷阱——贪便宜、吃大亏。对方首先会告诉你下载个什么软件后就能够获得"推广费",等到你打开该软件下载地址之后,这款软件就会偷偷接上国外长途拨号台,而后,你就会支付巨额的国际长途话费。这样的骗局实际就是瞄准了人的贪念,让你在想要贪小便的时候吃个大亏。

8.点击广告条——白白浪费了宝贵时间。这是现在比较常见的"网赚"骗术。即广告代理商许诺,你在上网时打开广告商给的一个广告条,或是你在网上浏览时阅读或显示该广告,根据此广告在你电脑上的显示时间、点击次数等支付给你一笔报酬。当你按照他的指示实施之后,你会发现你在花费了大量时间后一无所得。

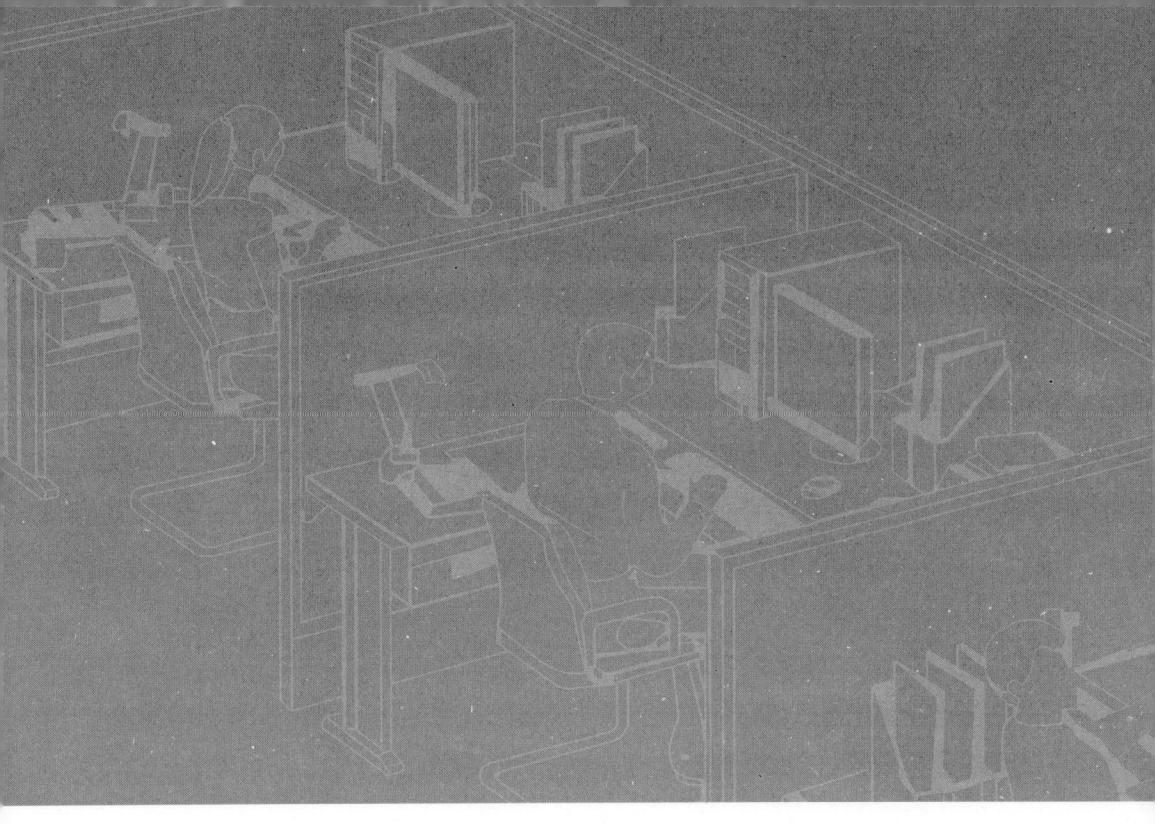

第十一章

大树底下好乘凉
——加盟创业

第十一章
大树底下好乘凉——加盟创业

缺技术,缺经验,害怕失败,那么为什么不选择加盟创业?"大树底下好乘凉",加盟创业的品牌效益、技术支持、经验积累早已经为你铺平创业之路,低投入,高收益,高成功率,让你的创业之路少走了很多弯路,何乐而不为?

跳过加盟创业的 8 大陷阱

近年来,连锁加盟被很多人看好。然而,从事连锁加盟真的一本万利吗?其实不然,那些只看到一夜暴富就想参与其中的人,一不小心就会踏入"陷阱"里,等到清醒过来时,才明白想要创业还得踏踏实实,知己知彼,方能百战百胜。

那么,加盟创业的陷阱都有哪些呢?下面我们就做下分析。

1.行业前景差。对于创业者来说,选对行业非常重要,投资以前必须仔细研究相关资料,衡量好所选行业。若是这个"行业"的前景的确非常好,并且是朝阳产业或处于成长期的产业,则说明现在的竞争对手还不算多,并且,未来整个行业的发展空间也非常大,投入的时间越早,获得利润的空间就会越大,赚钱的几率自然就越高。反之,若是这个行业正步入"夕阳"阶段,创业者则必须慎重加入。

2.总部缺乏王牌技术。通常情况下,连锁加盟的总部需要具备的 Know-How 非常多(Know-How 在西方国家被称为王牌技术),包括商品的开发和管理、商圈的经营、行销和广告宣传活动、人员的招募和管理、财务的规划和运作等。

有的连锁加盟总部甚至未开设直营店，根本不具备店务经营管理的Know-How，因此不可能协助加盟一族妥善地长期经营店务。

3.总部人员态度180°大转弯。在加盟合约尚未签署以前，很多总部业务员都非常恭敬加盟者，那是因为，他们需要从加盟者身上赚取提成或奖金，但是签约以后，业务员会对加盟者做相关指导、培训，此时的业务员会摆出倨傲的架势，说话语气也和之前大不相同，一副没好气的模样。

此外，有的加盟连锁总部的合同实属霸王合同，仅仅是对自身有利而已，却不顾及加盟者。多数创业者由于经验不足、鉴别能力较差等，加上急着自己创业，久而久之，便落进"陷阱"之中。所以，创业者在签约以前应当多走访几家加盟店，了解总部签约后的服务及总部人员态度后再进行签约。

4.总部财会制度漏洞多。通常情况下，总部财会制度的健全与否是看不出来的。但是你可以采取这样的方法：在加盟签约的时候，总部要求的履约保证金是让你支付现金、商业本票还是不动产抵押设定。多数成立时间较短的加盟总部因为财力单薄，资金压力大，因此会要求加盟者提供现金。但是由于财务结构尚不健全而周转不灵，甚至倒闭的加盟店很多，遇到这样的情况，加盟主甚至连保证金都不能拿回。加盟者选择加盟店的时后，最好选择用不动产抵押设定方式提供履约保证。

5.总部应变能力差。不管是什么商品，都有其特定的生命周期，若是加盟总部产品开发应变能力下降，现有商品组合进入衰退期，无法满足消费者最新需求的时候，加盟店的生存发展能力便会受到巨大影响。

6.总部获利计算模式呆板、单一。多数加盟总部为加盟者提供的参考获利计算模式比较呆板、单一，无法针对不同条件、不同情况提供不同的可能营收分析评估。这样一来，加盟者就不能对将来可能产生的收入、费用、盈亏状况等作出准确计算。并且，为了吸引加盟者的眼光，总部可能会不将一些实际开支等列到公式里面去计算。这一点加盟者应当高度注意，对收入应当低估，对支出应当高估，预留3～6个月的营运周转资金。

7. 总部扩充规模过于迅速。有的加盟总部由于一朝成名而使得加盟店的数目迅速增加，所以需要不断增设厂房，增加人手、增加机器设备，以及大打广告等。规模的扩充太过迅速，除了需要投入大量资金外，还会由于规模不经济的因素导致一段时间的亏损，部门和人手的增加也会引发沟通协调不良等问题，效率大大降低。所以，提醒加盟者注意，当你要加入的连锁总部存在上述现象时，可能很快就会陷入上述陷阱四——总部财会制度不健全的恶性循环。

8. 总部对未来规划缺乏信心。有的加盟总部本身对行业的前景就没有信心，所以，虽然现有项目仍然在扩展，但没过多长时间，又转投了其他行业或品牌，所以，加盟者在选择加盟对象时，应当多了解负责人对事业未来发展有什么规划，及他所要投入的重点和本行业有没有关系。若是发现负责人的兴趣并非在本业上，就要慎重考虑还要不要加盟了！

产品服务化，服务差异化

所谓产品服务化，就是指通过改变服务生产方式，将服务生产过程变得如同产品制造那样，将服务内容进行分解，而后实现标准化，按照传统产品市场原则，将服务产品交予客户。产品服务化使产品有了标准，可以被评估，改变了现在服务行业中某些不能解决的效率、成本、标准、定价、评估等问题。

而服务差异化就是指服务企业在面对较强的竞争对手，但是服务内容、渠道、形象等方面和其他竞争对手有区别，并且能够突出自己的特征，进而战胜其他对手，在服务市场中站稳脚跟的做法。主要的目的是通过服务差异化来突出自身优势，和竞争对手有所区别。

下面就通过华为的例子让大家深刻体会一下其中的具体含义：

在"2006中国IT服务年会"上，华为全球技术服务部副总裁叶良宏发表了一场演说。在他看来，中国的IT市场经过几年的发展之后，产业服务已经成为一种产业，它的发展有非常特殊的规律，主要经过4个阶段：初始化—规范化—客户化—产品化4个阶段。

产品服务化，要能及时了解到客户的需求，为他们提供更为灵活、合理、自动的服务方案，产品的开发、验证都可以在服务过程中被改进；产品设计也一定要以服务做导向；产品销售通过服务的方式进行。

服务产品化，为了提升产品服务质量，不断对产品进行优化，将服务产品进行规范；并且帮助客户指定出个性服务计划和产品。服务的可重复利用、产品化已逐渐成为市场发展的必然趋势，应当让自己的客户感受到不断提升、不断改进的服务。

"服务产品化"为华为在其传统服务基础上提出来的以客户作为主导的新形势。华为的服务产品已在很大程度上超出普通的产品障碍排除，包括了从保障设备日常运行技术支持服务、硬件维修服务，到提高设备运营效率的网络优化服务等方面，满足了不同地区、不同用户在不同方面、不同层次上的服务需求。

面对现在的市场情况，大多数企业不但优化自己的产品体系，逐渐从选择向服务型公司转型。如今，IBM 服务业务已占 IBM 营业收入的 50% 上，Amdocs 收入的很大一部分来源于专业服务领域。在面对整个行业变化趋势之时，华为也在不断思考，将软件行业发謷的"产品＋服务"的组织结构、运作模式进行落实。服务不仅仅局限在产品的维护和工程改进上，更多的时候是在这个基础上为客户提供个性化、定制化专业服务，同时通过这种差异化服务为客户赢取价值。

随着客户需求向着多元化趋势发展，服务的范围也跟着扩大起来，从最初简单的维护服务至现在的全面战略咨询，服务已变成极有潜力的、高附加值的业务。与此同时，随着客户越来越关注自身核心业务运营问题，开始要求设备商技术服务的提高。所以，客户对服务内容、服务方式的要求也增多了。

经过 IT 行业的寒冬后，业界和各大公司通过重新革新、业务改正后，可以生存下来的公司更为关注对于产品技术、质量方面改进等方面问题了，产品的同质化问题也越来越小。而市场竞争中服务所占的位置越来越重要，在为客户提供量身定做的个性化、差异化服务后，能够大大提升公司为客户带来的价值。

在任正非看来，华为的差异化优势在于它能够用最快速度地满足客户需求。比如，泰国 AIS（泰国目前最大的移动运营商），华为就是凭借自己的周期比竞争对手快 3 倍获得了服务 AIS 的机会。

从 2000 年 "one-2-call" 预付费业务投入使用之后，AIS 增值业务系统先后扩大 7 次，在这个过程中，华为迅速的市场反应、高效的业务开发机制、优质的工程服务、稳定的系统能力，给 AIS 的业务发展提供了强力的支撑。从需求研究方面上说，AIS 与华为定期举办 WORKSHOP，一同分析需求，挖掘潜在业务，不断为客户提供更多新客户和新业务，使得 AIS 的 2G、GPRS 网络业务能力稳步上升。彩铃业务从 2003 年 12 月开始商用，从那之后，用户数每天都在增加，不足 5 个月的时间便收回了初期投资，创出了业务发展奇迹。在各个热点处采用业务丰富的 MA5200 系列 AC，整个网络通过业务网关 Eudemon 100 接入因特网。网络的结构非常清晰，也很可靠，能够充分满足 AIS 对系统需求。

从华为给泰国 AIS 提供良好的服务中，我们能够看出，将客户的需求作为导向，倡导快速交付业务、产品，历来都是华为在增值业务中的发展理念。

白领如何选择加盟连锁企业

对于大多数白领人士而言，加盟连锁不仅是"钱生钱"的理想投资术，可能还是风险重重的投资陷阱。

和普通的小本创业者相比，白领加盟者的优势是非常明显的。第一，白领的文化水平比较高，可以正确理解加盟品牌的经营理念，而且还能够准确无误地加以实施。第二，由于本身还在公司里面工作，白领对于公司的运作和管理方式，包括销售、采购、财务、管理等各个环节有一个基本的认知，这样以来就能够比较顺利地让加盟店步入正规，而且还能够有条不紊地发展下去。除此之外，白领的身边还有一个层次相对较高的朋友圈，从这些朋友中也能得到很多帮助。

但是，连锁加盟也是一把双刃剑。对于白领来说，连锁加盟也有很多需要注意的地方，不然容易走入误区。

误区一：依照个人喜好选择加盟项目

一般来说，这个误区主要包括两种表现形式：

要面子，讲层次，不是高层次的行业就不屑于加盟。总是担心被别人知道自己创业的是这么低层次的业务会丢了面子，比如，你开了个煎饼摊，而别人却开了个披萨店，相比之下，明显自己比别人"土"多了。很多时候，很多人为了面子、层次，而将开业后是否可以保持客流量、有没有行业发展潜力、项目投资回报率等问题抛之脑后。

将自己看作是目标消费群。比如，你的早餐是西点和牛奶，所以你就断定不会有人去买煎饼和粥。部分白领在选择加盟商时会将自己当作目标消费群，以为自己购买的东西就是畅销产品，岂不知，真正畅销、热门的东西应当从市场中认真寻找。

完全按照个人喜好选择加盟项目是不对的。虽然说热爱是成功经营的基础，不过我们在选择加盟项目的时候如果只遵从个人爱好这也是不明智的。

误区二：既然连锁加盟，随意管理就能见收益

就在去年，王先生加盟了个知名奶茶坊连锁店，他把奶茶坊全权交到一个朋友手中，让他帮忙打理，自己很少过问茶坊的经营状况。一开始，奶茶坊的经营状况看上去还不错。但没过多久，一些财务漏洞便逐渐暴露出来，由于王先生错过了发现、采取措施的最佳时机，使得他的奶茶坊还没有经营一年便倒闭了。

从这个案例中我们也能看出，王先生对自己的加盟店太过乐观了，认为它是个包赚不赔的生意，因此，加盟店开张之后对其不理不睬。

实际上，连锁加盟与其他任何投资项目都是一样的，我们应当全心全意地投入其中，如果创业者仅仅依赖总部的支持或是按部就班地执行总部命令，或是随便雇佣个店长进行管理，那么一定是得不到预期回报的，甚至会导致失败。

误区三：将简单的加盟复杂化，我的地盘我做主

很多白领的工作都非常清闲，而正是这种清闲，使得他们开始经营加盟店，由于他们看不惯简单的加盟方式，常常为自己的加盟店注进自己的想法。适当添加可能会起到锦上添花的效果。可如果过度添加，很可能会导致相反效果。连锁加盟优势本身就在于简单的经营模式及统一的品牌概念，白领们喜欢擅作主张地添加自己的想法，不但容易将简单的事情复杂化，甚至还可能会破坏原有品牌形象，最终导致不良后果。

误区四：盲目相信数字，忘记追究数字背后的承诺能否实现

"5万元拥有一个超市品牌""10万元加盟一个咖啡馆""20万元加盟饭店送装修""半年收回投资""百分之×百的回报"。我们在看到这一连串数字的时候，你的心中会不会也出现"试试"的冲动。白领投资前通常会盲目注重特许商提出来的财务分析，被一些宣传性质的数字"感动"，却忘记了追究数字背后特许商的承诺究竟能不能实现。

所以，对于白领朋友们来说，连锁加盟创业若是想获得成功，还应当在充分地利用自身优势的同时避开误区。